## ELOGIOS A *AUGE DO DESEMPENHO*:

"Eu me identifico com tanta coisa neste livro. Com conselhos práticos para o desempenho no trabalho ou nos esportes, Brad e Steve apresentam, de forma meticulosa, uma compreensão ampla do auge do desempenho e como atingi-lo."
—*Dick Costolo, CEO da Chorus, ex-CEO do Twitter*

"Brad Stulberg é um dos meus escritores favoritos em dois dos meus assuntos prediletos: desempenho físico e mental. Este livro une ambos."
— *Ryan Holiday, autor best-seller de* O Obstáculo É o Caminho *e* O Ego É Seu Inimigo

"Ao encarar os mistérios da otimização humana com a ciência e o conhecimento de alguns dos maiores atletas, artistas e intelectuais do mundo, *Auge do Desempenho* oferece o roteiro necessário para transcender suas limitações, libertar sua grandeza interna e, o mais importante, manter-se assim com o passar do tempo. Leitura absolutamente obrigatória para qualquer pessoa interessada em atingir o potencial para se tornar sua melhor versão!"
— *Rich Roll, autor de* Finding Ultra *e* The Plantpower Way

"Brad Stulberg é um dos escritores científicos mais talentosos de nossa época, um mestre em transformar descobertas fascinantes em estratégias concretas. *Auge do Desempenho* oferece inovações práticas obtidas de pesquisas de ponta sobre como obter uma posição de destaque. Este livro é uma leitura obrigatória para pessoas que desejam melhorar suas técnicas, ultrapassar seus limites e sair da sua zona de conforto."
— *Kelly McGonigal, professora de psicologia em Stanford e autora de* Os Desafios à Força de Vontade *e* O Lado Bom do Estresse

"O que os grandes artistas, atletas campeões e pesquisadores brilhantes têm em comum? Mais do que você imagina, revelam Brad Stulberg e Steve Magness nesta síntese magnífica e multidisciplinar sobre os padrões ocultos que permitem um ótimo desempenho em várias áreas."
— *Alex Hutchinson, autor da coluna* "Sweat Science" *da revista* Runner's World *e de* What Comes First: Cardio or Weights?

"*Auge do Desempenho* é leitura obrigatória para qualquer pessoa com esperança de crescer e ter sucesso em qualquer área de sua vida. De fácil leitura e ligado à realidade das pessoas comuns, identifica as habilidades e disciplinas que pessoas bem-sucedidas têm em comum e nos ensina o que podemos fazer para atingir o sucesso que desejamos. Estou animada para colocar em prática o que aprendi, nas corridas e mais além."

— *Kara Goucher, maratonista em duas Olimpíadas*

"Repleto de inspirações e informação, *Auge do Desempenho* é leitura obrigatória para qualquer pessoa dedicada à otimização própria. Pretendo ler e reler este livro por vários anos."

— *Matt Billingslea, baterista da banda de Taylor Swift*

"Brad e Steve descobrem os segredos das pessoas com melhor desempenho no mundo para ajudar todos nós a melhorar a eficácia em nossas próprias metas. *Auge do Desempenho* é leitura obrigatória para todos: de atletas a artistas e, sem dúvida, para empreendedores. Basicamente, este livro se aplica a qualquer pessoa que deseje elevar suas habilidades a um novo nível."

— *Dr. Bob Kocher, sócio da Venrock Capital, professor consultor da Escola de Medicina de Stanford, ex-assessor especial do Presidente dos Estados Unidos na área da Saúde*

"Todos nos perguntamos por que algumas pessoas se tornam grandes sucessos e outras não. Parece ser um mistério. Porém, *Auge do Desempenho* apresenta a ciência que desvendou as práticas comuns de pessoas inovadoras e, o mais importante, mostra como podemos nos beneficiar de sua aplicação em nossas próprias vidas."

— *David Goss, professor emérito de matemática na Universidade Estadual de Ohio*

"Ao ler *Auge do Desempenho* fiquei surpreso por existirem fatos científicos que corroboram o que eu percebi quando buscava maximizar minhas habilidades ao longo de minha carreira como corredor. Com certeza, os leitores ficarão perplexos com as descobertas surpreendentes de Brad e Steve e capacitados a fazer mudanças em sua mentalidade competitiva para atingirem seu próprio auge de desempenho."

— *Ryan Hall, recordista norte-americano de meia maratona*

"*Auge do Desempenho* explora com profundidade o ciclo de criatividade intensa, ainda um reino misterioso, até mesmo para mim — apesar de todos os meus esforços para extrair tudo que ele pode oferecer. Acho que é óbvio que Stulberg e Magness estão no caminho certo."

—*Emil Alzamora, escultor de renome internacional*

Melhore sua técnica,
evite o *BURNOUT* e
cresça com a nova
**CIÊNCIA DO SUCESSO**

# AUGE
## DO DESEMPENHO

↑ BRAD STULBERG    ↑ STEVE MAGNESS

ALTA BOOKS
EDITORA
Rio de Janeiro, 2022

## Auge do Desempenho

Copyright © 2022 da Starlin Alta Editora e Consultoria Eireli.
ISBN: 978-85-5081-501-5

*Translated from original Peak Performance © 2017 by Brad Stullberg and Steve Magness. ISBN 978-1-62336-793-0. This translation is published and sold by permission of address Rodale Books, the owner of all rights to publish and sell the same. PORTUGUESE language edition published by Starlin Alta Editora e Consultoria Eireli, Copyright © 2022 by Starlin Alta Editora e Consultoria Eireli.*

Impresso no Brasil — 1ª Edição, 2022 — Edição revisada conforme o Acordo Ortográfico da Língua Portuguesa de 2009.

Dados Internacionais de Catalogação na Publicação (CIP) de acordo com ISBD

S934a    Stulberg, Brad
           Auge do Desempenho: melhore sua técnica, evite o burnout e cresça com a nova ciência do sucesso / Brad Stulberg, Steve Magness ; traduzido por Aderson Schröder. – Rio de Janeiro : Alta Books, 2022.
           240 p. ; 16m x 23cm.

           Tradução de: Peak Performance
           Inclui índice e bibliografia.
           ISBN: 978-85-5081-501-5

           1. Autoajuda. 2. Crescimento pessoal. 3. Sucesso. I. Magness, Steve. II. Schröder, Aderson. III. Título.
                                                    CDD 158.1
           2022-431                                  CDU 159.947

Elaborado por Odílio Hilario Moreira Junior - CRB-8/9949

Índice para catálogo sistemático:
1. Autoajuda 158.1
2. Autoajuda 159.947

Todos os direitos estão reservados e protegidos por Lei. Nenhuma parte deste livro, sem autorização prévia por escrito da editora, poderá ser reproduzida ou transmitida. A violação dos Direitos Autorais é crime estabelecido na Lei nº 9.610/98 e com punição de acordo com o artigo 184 do Código Penal.

A editora não se responsabiliza pelo conteúdo da obra, formulada exclusivamente pelo(s) autor(es).

**Marcas Registradas:** Todos os termos mencionados e reconhecidos como Marca Registrada e/ou Comercial são de responsabilidade de seus proprietários. A editora informa não estar associada a nenhum produto e/ou fornecedor apresentado no livro.

**Erratas e arquivos de apoio:** No site da editora relatamos, com a devida correção, qualquer erro encontrado em nossos livros, bem como disponibilizamos arquivos de apoio se aplicáveis à obra em questão.

Acesse o site www.altabooks.com.br e procure pelo título do livro desejado para ter acesso às erratas, aos arquivos de apoio e/ou a outros conteúdos aplicáveis à obra.

**Suporte Técnico:** A obra é comercializada na forma em que está, sem direito a suporte técnico ou orientação pessoal/exclusiva ao leitor.

A editora não se responsabiliza pela manutenção, atualização e idioma dos sites referidos pelos autores nesta obra.

---

**Produção Editorial**
Editora Alta Books

**Diretor Editorial**
Anderson Vieira
anderson.vieira@altabooks.com.br

**Editor**
José Ruggeri
j.ruggeri@altabooks.com.br

**Gerência Comercial**
Claudio Lima
comercial@altabooks.com.br

**Gerência Marketing**
Andrea Guatiello
marketing@altabooks.com.br

**Coordenação Comercial**
Thiago Biaggi

**Coordenação de Eventos**
Viviane Paiva
eventos@altabooks.com.br

**Coordenação ADM/Finc.**
Solange Souza

**Direitos Autorais**
Raquel Porto
rights@altabooks.com.br

**Assistente Editorial**
Mariana Portugal

**Produtores Editoriais**
Illysabelle Trajano
Larissa Lima
Maria de Lourdes Borges
Paulo Gomes
Thales Silva
Thiê Alves

**Equipe Comercial**
Adriana Baricelli
Daiana Costa
Fillipe Amorim
Kaique Luiz
Maira Conceição
Victor Hugo Morais

**Equipe Editorial**
Beatriz de Assis
Brenda Rodrigues
Caroline David
Gabriela Paiva
Henrique Waldez
Marcelli Ferreira

**Marketing Editorial**
Jessica Nogueira
Livia Carvalho
Marcelo Santos
Thiago Brito

---

**Atuaram na edição desta obra:**

**Tradução**
Aderson Schröder

**Copidesque**
Samantha Batista

**Revisão Gramatical**
Thamiris Leiroza
Thaís Pol

**Diagramação**
Luisa Maria Gomes

**Capa**
Paulo Gomes

Editora afiliada à:

Rua Viúva Cláudio, 291 — Bairro Industrial do Jacaré
CEP: 20.970-031 — Rio de Janeiro (RJ)
Tels.: (21) 3278-8069 / 3278-8419
www.altabooks.com.br — altabooks@altabooks.com.br
**Ouvidoria:** ouvidoria@altabooks.com.br

*Para Caitlin, Mamãe, Papai, Lois e Eric*

---

*Para Mamãe, Papai, Emily e Phillip*

---

*E a todos os pesquisadores e pessoas de alto desempenho cujo trabalho brilhante serviu como base para este livro. Obrigado por nos dar as peças do quebra-cabeças.*

# AGRADECIMENTOS

Escrever este livro foi um imenso trabalho em equipe, não apenas entre nós dois, mas também entre várias outras pessoas que contribuíram à sua própria maneira. Se você gostar de *Auge do Desempenho,* junte-se a nós em um momento de agradecimento às pessoas a seguir. O toque delas pode ser sentido em todas as páginas deste livro.

Em primeiro lugar, queremos agradecer à nossa equipe principal. Sem ela este livro ainda estaria em nossas cabeças e não no papel. A Caitlin Stulberg, uma esposa incrível para Brad e uma editora extraordinária para nós. Terminamos o manuscrito em menos de três meses, e várias pessoas perguntaram como conseguimos trabalhar tão rápido. Caitlin é a resposta. Ela entregou as edições de cada capítulo mais rápido do que qualquer profissional com quem já trabalhamos, ainda mais se levarmos em conta seu trabalho como advogada. Todas as páginas desta obra melhoraram graças a ela — não só pelas suas revisões, como também por seu apoio infinito.

Ao nosso empresário, Ted Weinstein, que apostou em dois escritores jovens com pouca experiência. Ted foi crucial na formação da proposta e, portanto, do livro. Um símbolo de profissionalismo, e é um prazer trabalhar e, talvez o mais importante, aprender com ele.

À equipe fantástica da Rodale Books, que inclui Aly Mostel e Angie Giammarino. E um agradecimento especial ao nosso editor, Mark Weinstein, que acreditou no conceito desta obra desde o começo. Ele nos deu a liberdade de escrever o livro que queríamos e, então, o aperfeiçoou. Um escritor não poderia pedir mais nada de um editor.

Também queremos agradecer aos leitores de nossos rascunhos, cujas opiniões trouxeram uma melhora imensa ao material. Essas pessoas dedicaram tempo e energia a ler o manuscrito quando ele ainda era apenas um monte de documentos do Microsoft Word. Cada uma delas ofereceu opiniões valiosas em horas de conversas por telefone, Skype e em cafés. Queremos agradecer a Sarah Baum, Mark Davies, Cally Macumber, Jonathan Marcus, Alan McClain, Hillary Montgomery, Alan Penskar, Melissa Stern, Eric Stulberg, Linda Stulberg, Phoebe Wright e os integrantes da equipe de cross-country de 2015 da Universidade de Houston (Caleb Beacham, Nikita Prasad, Mackenzie Ilari, Cam Laverty, Maria Gonzales, Rick Hawley, Kody Anderson, Jennifer Dunlap, Matt Parmley, Justin Barrett, Gabe Lara, Brian Barraza, Meredith Sorensen, GJ Reyna e Trevor Walker). Queremos fazer um agradecimento especial a Emily Magness, que demonstrou ser, de longe, a melhor escritora da família. Suas edições e críticas foram inestimáveis para o livro.

Não podemos esquecer de mencionar nossos mentores, que nos incentivaram a escrever este livro e cuja influência coletiva sobre nós ao longo dos anos moldou sua mensagem. Tivemos a sorte de encontrar professores para toda a vida e somos abençoados por termos à nossa volta um círculo de sabedoria, carinho e atenção. Um agradecimento especial para David Epstein, Mario Fraioli, Vern Gambetta, Adam Grant, Bruce Grierson, Alex Hutchinson, Mike Joyner, Bob Kocher e Kelly McGonigal.

Também precisamos agradecer às publicações a que contribuímos com regularidade, incluindo o *Blue Ridge Outdoors* (especialmente ao editor de Brad, Will Harlan), a revista *New York* (especialmente à editora de Brad, Melissa Dahl), a revista *Outside* (especialmente aos editores de Brad, Erin Beresini, Meaghen Brown e Wesley Judd), a *Running Times* (especialmente aos editores de Steve, Jonathan Beverly, Scott Douglas e Erin Strout) e a *Runner's World* (especialmente aos editores de Brad, Katie Neitz e Meghan Kita). Um agradecimento especial às revistas *Outside*, *New York* e *Runner's World*, nas quais algumas das histórias e perspectivas deste livro foram originalmente lançadas nas colunas de Brad. É realmente uma honra escrever regularmente para periódicos tão clássicos.

E, é claro, agradecemos a todas as pessoas de alto desempenho cujas histórias compartilhamos nesta obra. Embora sejam muitos para listar individualmente, queremos identificar algumas pessoas de quem nos aproximamos de maneira especial durante o processo de reportagem. Estas estrelas superaram as expectativas ao abrirem suas vidas para nós: Emil Alzamora, Matt Billingslea, Matt Dixon, Megan Gaurnier, David Goss, Dave Hamilton, Mike Joyner, Bob Kocher, Jennifer Pharr Davis, Brandon Rennels, Darren Smith e Vic Strecher.

Finalmente, obrigado aos nossos familiares, que sempre nos apoiaram na busca por nosso próprio Auge do Desempenho. Sem eles, nada disto teria sido possível. Caitlin; Linda e Bob Stulberg; Eric Stulberg; Lois Stulberg; Bob e Elaine Appel; Randee e Bob Bloom; William e Elizabeth Magness; Phillip e Emily Magness.

# SOBRE OS AUTORES

**Brad Stulberg** escreve sobre saúde e a ciência do desempenho humano. É colunista das revistas *Outside* e *New York* e também já escreveu para a *Forbes*, *NPR*, *Los Angeles Times*, *Runner's World* e *The Harvard Public Health Review*. Brad é muito conhecido por sua capacidade de unir informações científicas recentes com histórias pessoais marcantes, oferecendo aos leitores perspectivas práticas que podem ser aplicadas às suas próprias vidas.

Ele já trabalhou como consultor da McKinsey & Company, na qual foi assessor de alguns dos maiores executivos do mundo em diversas questões. É um atleta ávido e entusiasta de atividades ao ar livre. Brad vive no norte da Califórnia com sua esposa, Caitlin, e seus dois gatos. Siga Brad no Twitter: @Bstulberg.

## SOBRE OS AUTORES

**Steve Magness** é técnico de alguns dos maiores corredores fundistas do mundo e já trabalhou com vários atletas em Pré-olímpicos, equipes de Campeonatos Mundiais e em Olimpíadas. Atualmente, trabalha como técnico na Universidade de Houston.

Muito conhecido por sua integração entre ciência e prática, Steve sempre esteve na liderança da inovação esportiva. Trabalha como professor assistente de força e condicionamento na Universidade de St. Mary e já foi especialista citado na *Runner's World*, no *New York Times*, na *New Yorker*, na BBC, no *Wall Street Journal* e na *ESPN The Magazine*. Seu primeiro livro, *The Science of Running*, foi publicado em 2014. Em sua própria carreira como corredor, Steve completou uma milha em 4:01 durante o ensino médio. Vive em Houston, Texas. Siga Steve no Twitter: @SteveMagness.

# SUMÁRIO

PREFÁCIO: É POSSÍVEL TER UM AUGE DE DESEMPENHO SAUDÁVEL E SUSTENTÁVEL? .................................................................. 1
INTRODUÇÃO: GRANDES EXPECTATIVAS ................................................................ 9

## SEÇÃO 1: A EQUAÇÃO DO CRESCIMENTO

**1:** O Segredo do Sucesso Sustentável ..................................................... 27
**2:** Repensando o Estresse ........................................................................ 41
**3:** Estresse-se ............................................................................................. 53
**4:** O Paradoxo do Descanso .................................................................... 77
**5:** Descanse como os melhores ............................................................... 97

## SEÇÃO 2: PREPARAÇÃO

**6:** Otimize sua rotina ................................................................................ 127
**7:** Seja Minimalista para ser maximalista ............................................. 143

## SEÇÃO 3: PROPÓSITO

**8:** Transcenda o seu "Eu" ........................................................................ 161
**9:** Desenvolva seu propósito .................................................................. 185

CONCLUSÃO ................................................................................................ 195
BIBLIOGRAFIA E FONTES ........................................................................... 207
ÍNDICE ........................................................................................................... 221

# PREFÁCIO

## É Possível Ter um Auge de Desempenho Saudável e Sustentável?

No verão de 2003, um rapaz precoce de 18 anos estava sentado, nervoso, em um gramado, cercado pelas oito pistas de uma pista de aquecimento, aguardando a chamada final para a linha de largada. Não era uma simples corrida escolar, nem mesmo um campeonato estadual; era a Prefontaine Classic, a cereja do bolo do atletismo. Alguns dias antes, o mesmo rapaz de 18 anos estava em sua aula de física, pensando em sua paixão adolescente, Amanda. Agora, estava sentado entre os melhores corredores do mundo, imaginando qual seria seu resultado no evento de maior destaque em seu esporte — a milha.

Enquanto observava estrelas, como o medalhista olímpico Bernard Lagat, executarem seus complexos rituais pré-corrida, ele tentava se distrair jogando seu Game Boy; estava totalmente deslocado. Após alguns longos minutos, quando os atletas foram chamados da área de aquecimento para a linha de largada, foi forçado a abandonar o conforto do jogo *Super Mario Bros*. Em uma tentativa inútil de manter a calma enquanto entrava no Hayward Field lotado, no campus da Universidade do Oregon — se houvesse uma Meca das corridas, seria aquela —, repetia sem parar o mantra "não olhe para cima, não olhe para cima". Foi o topo da sua cabeça, e não seu rosto, que as câmeras transmitiram ao vivo para todo o país, pela NBC. Antes que pudesse processar o fato de que estava alinhado ao lado de Kevin Sullivan, que havia ficado em quinto lugar na última Olimpíada, seu nome foi emitido pelos alto-falantes. Qualquer ilusão de tranquilidade desapareceu. Uma onda de ansiedade trespassou seu corpo.

A pouca comida que havia em seu estômago subiu até o peito. "Merda. É agora", pensou, enquanto o oficial erguia a pistola. "É só não vomitar."

Quatro minutos e um segundo depois, tudo terminou. Nesse rápido intervalo, ele havia corrido a sexta milha mais rápida do ensino médio na história dos Estados Unidos, a milha mais rápida do ensino médio no país, e era o quinto terceiranista mais rápido do mundo. Tinha ficado lado a lado com a grande estrela universitária, Alan Webb, que já havia marcado uma milha de 3:53 e viria a obter o recorde norte-americano de 3:46. Terminou a poucos centímetros do atleta olímpico Michael Stember e ultrapassou o campeão norte-americano da milha à época, Seneca Lassiter, que desistiu imediatamente da prova após um jovem do ensino médio deixá-lo para trás na volta final. Em outras palavras, havia se tornado oficialmente um garoto prodígio.

Mesmo assim, a decepção de ter terminado tão perto da marca mágica do esporte, a milha de 4 minutos, era evidente. Quando os resultados oficiais foram anunciados, a transmissão da NBC mostrou um jovem magro, totalmente esgotado, com as mãos sobre o rosto. Mas, quando o fluxo inicial de emoções passou, ele não pôde deixar de sentir uma pontinha de contentamento merecido. Pensou: "Tenho 18 anos e estou correndo no maior evento profissional do país; superar os 4 minutos logo será coisa do passado."

Os comentaristas da NBC estavam cantando louvores sobre o desempenho do jovem do ensino médio. "Temos que destacar um rapaz que seja capaz de manter tanta disciplina", observaram. Ah, se eles soubessem.

**ATINGIR ESSE NÍVEL** de desempenho exigiu mais do que apenas talento e trabalho com afinco. Se perguntassem a qualquer pessoa que o conhecesse, um único adjetivo era inevitável: obsessivo. Era a única palavra adequada. Amigos e familiares repetiam a palavra com tanta frequência que isso poderia ser facilmente tratado como lugar-comum ou clichê. Mas não era.

# PREFÁCIO

Seus dias eram uma busca monótona pela excelência. Acordar às 6h, sair de casa para correr 14km, ir à escola, levantar peso e correr mais 14km às 18h. Para evitar lesões e doenças, ele seguia uma dieta restrita e dormia religiosamente horas antes de seus colegas. Sua vida era um exemplo de força de vontade e autocontrole.

Ele insistia em sempre cumprir seu plano de treinos, mesmo que isso exigisse correr 160km durante um cruzeiro de férias de uma semana — dando voltas na pista de 160m no convés superior até ser obrigado a parar, não por cansaço, mas por tontura. Correu durante tempestades tropicais, ondas de calor e emergências familiares. Nenhum desastre natural ou humano era capaz de impedir que ele fizesse seus exercícios. Outro exemplo de sua obsessão era visível em sua vida amorosa, ou na ausência de uma. Há muito tempo ele deve desculpas à pobre namorada com quem terminou simplesmente porque seu desempenho estava caindo durante o relacionamento, mesmo que ela, obviamente, não tivesse nada a ver com isso. Sua obsessão dava as caras a cada fim de semana, quando ele escolhia dormir às 22h em vez de ir a festas e ter oportunidades de conhecer garotas. Ou seja, ele estava bem longe de ser um garoto normal do ensino médio. Mas, por outro lado, garotos normais do ensino médio não correm uma milha em 4 minutos. Ele tinha o ímpeto de dominar: uma determinação infinita e inexorável de fazer todo o possível para atingir seus objetivos. E estava funcionando.

Ele era um dos jovens de 18 anos mais rápidos do planeta e um dos corredores do ensino médio mais rápidos da história do esporte. Recebeu cartas de aprovação de quase todas as universidades do país, indo de potências do atletismo, como Oregon, até ícones do ensino acadêmico, como Harvard. Seus sonhos eram repletos de anéis olímpicos, medalhas e pensamentos sobre conquistar o mundo. E tudo isso era factível.

ALGUNS ANOS DEPOIS, do outro lado do país, em Washington, D.C., um jovem se preparava para seu primeiro dia no novo emprego. Saiu apressado de casa, após sua rotina normal de higiene matinal — escovar os dentes, barbear-se, tomar uma ducha, vestir-se e sair — uma rotina que havia condensado a 12 minutos. Essa rotina matinal nem sempre fora tão apressada. Mas depois de 2 anos trabalhando na empresa de consultoria de elite McKinsey & Company, aplicara à sua vida pessoal a eficiência que havia levado até empresas da Fortune 500. Sem desperdício. Sem tempo ocioso. Tudo simplificado. A única desvantagem de suas manhãs ultraeficientes é que ele ficava suado, o que era exacerbado por seu terno justo e pela densa umidade do verão em Washington, D.C.

Um único pensamento dominou os primeiros 10 minutos de seu caminho até o trabalho: pare de suar. Ele não estava acostumado com o terno, que era uma novidade no código de vestimenta exigido pelo novo emprego. Teria de alterar sua rotina matinal: ou alocar mais tempo a ela ou reduzir a temperatura da água do chuveiro. Talvez ambos. Ele era bom nesse tipo de raciocínio analítico. Nos meses anteriores, havia construído um modelo para projeção do impacto econômico de uma reforma no sistema de saúde dos Estados Unidos, uma lei ampla e forte, que afetaria vários setores. Seu modelo havia sido divulgado pela capital e os especialistas, que em sua maioria tinham o dobro da idade do rapaz, concordavam que era muito bom. Com certeza, isso o ajudou a conseguir o novo trabalho.

Quando chegou à Pennsylvania Avenue, teve de afastar seus pensamentos sobre qual variável de sua rotina diária ele mudaria primeiro. "Puta merda, que incrível", pensou enquanto chegava ao número 1600, a Casa Branca. Ali, ele trabalharia no prestigiado Conselho Econômico Nacional, ajudando a aconselhar o Presidente dos Estados Unidos sobre saúde.

COMO TODAS AS PESSOAS DE DESEMPENHO EXCEPCIONAL, a jornada desse jovem até a Casa Branca tinha em suas raízes uma combinação de DNA e trabalho feito com muita dedicação. Ele tinha boas pontuações em todos os testes de QI infantis, mas nada fora da curva: sua inteligência verbal era excepcional, mas sua capacidade matemática e suas habilidades espaciais eram bem comuns, ou nem isso. Estudou com afinco na escola, normalmente optando por mergulhar em filosofia, economia e psicologia, em vez de álcool e festas. Embora fosse bom o suficiente para jogar futebol americano em faculdades pequenas, optou por frequentar a Universidade de Michigan e concentrar-se apenas no lado acadêmico.

Seu sucesso nos estudos atraiu recrutadores da prestigiada empresa de consultoria McKinsey & Company. Lá, rapidamente ficou conhecido por seu alto desempenho. No pouco tempo que restava ao fim de suas semanas de 70 horas de trabalho, praticava suas habilidades de oratória e lia o *Wall Street Journal*, o *Harvard Business Review* e incontáveis livros de economia. Seus amigos costumavam brincar, dizendo que ele era "antidiversão". Não havia dúvidas de que ele estava dando o máximo, mas também gostava disso.

Seu desempenho na McKinsey estava em constante crescimento e ele foi alocado a trabalhos cada vez mais notáveis. Não demorou muito para que estivesse assessorando os CEOs de empresas multibilionárias. Foi então que, no inverno de 2010, pediram-lhe que construísse o já mencionado modelo para previsão dos efeitos de uma reforma no sistema de saúde dos Estados Unidos, uma tarefa hercúlea. Imagine ter que encarar cinquenta variáveis, quando todas interagem entre si e nenhuma delas é certa, e pedirem a você: "Diga-nos o que vai acontecer e faça isso usando esta planilha."

Ele mergulhou de cabeça e trabalhou mais do que nunca. Se não ficava sem dormir porque estava trabalhando, ficava sem dormir porque estava ansioso por não estar trabalhando. Suas mãos e pés estavam sempre gelados. Os médicos diziam que era estresse, mas não tinham certeza; suas consultas eram feitas por telefone — ele não tinha tempo para marcar uma consulta real durante o horário comercial.

Mas ele terminou o trabalho, e o modelo funcionava. Era eficaz e elegante. Seguradoras e hospitais de todo o país o utilizaram. Na verdade, funcionava tão bem que a Casa Branca ligou e lhe perguntou se ele poderia ajudá-los a implantar a lei. Ele estaria a poucos superiores de distância do presidente. Seus amigos, que costumavam dizer que ele era "antidiversão", agora brincam que poderia liderar o país algum dia. Neste mundo acelerado de resolução de problemas de alto risco, ele era uma estrela em ascensão. Estava a poucos meses de seu aniversário de 24 anos.

AGORA, VOCÊ DEVE ESTAR SE PERGUNTANDO: quem são essas pessoas, e como posso emular o seu sucesso? Mas não é essa a história que queremos contar.

O fenômeno das corridas do ensino médio nunca correu mais rápido do que naquele dia de verão, na Prefontaine Classic. E o jovem consultor nunca se candidatou a um cargo público, nem se tornou sócio de uma empresa respeitada. Na verdade, deixou a Casa Branca e não recebeu promoção alguma desde então. Tanto o corredor quanto o consultor brilharam muito, apenas para verem seu desempenho estagnar, sua saúde piorar e sua satisfação se esvair.

Essas histórias não são especiais. Acontecem em toda parte e podem acontecer com qualquer um. Inclusive conosco. Nós, os autores deste livro, somos o corredor (Steve) e o consultor (Brad).

Nós nos conhecemos alguns anos depois de ambos terem se esgotado e, ao compartilhar nossas histórias bebendo algumas cervejas, percebemos que eram muito semelhantes. Na época, ambos estávamos começando uma segunda vida: Steve como cientista de desempenho e técnico de atletas fundistas e Brad como escritor. Ambos estávamos embarcando em novas jornadas e não podíamos deixar de nos perguntar: conseguiríamos atingir os níveis máximos de desempenho sem repetir nossas falhas anteriores?

O que nasceu como um grupo de apoio com duas pessoas se transformou em uma forte amizade, embasada em um interesse mútuo pela ciência do desempenho. Estávamos curiosos: é possível ter um auge de desempenho saudável e sustentável? Se sim, como? Qual é o segredo? Quais, se existirem, são os princípios subjacentes do alto desempenho? Como pessoas como nós — isto é, quase todo mundo — podem adotá-los?

Guiados por essas questões, fizemos o que qualquer cientista ou jornalista faria. Devoramos a literatura e falamos com inúmeras pessoas de alto desempenho, em várias habilidades e domínios — de matemáticos a cientistas, artistas e atletas — em busca das respostas. E da mesma forma que várias outras ideias impulsivas nascidas de algumas doses de álcool, este livro surgiu.

Não podemos garantir que a leitura deste livro o levará a ganhar uma medalha de ouro olímpica, pintar uma obra-prima ou descobrir uma nova teoria matemática. Infelizmente, a genética tem um papel inegável em tudo isso. Por outro lado, o que podemos garantir é que ler este livro o ajudará a nutrir sua natureza para que possa maximizar seu potencial de forma saudável e sustentável.

> *É possível ter um auge de desempenho saudável e sustentável? Se sim, como? Qual é o segredo? Quais, se existirem, são os princípios subjacentes do alto desempenho? Como pessoas como nós — isto é, quase todo mundo — podem adotá-los?*

# INTRODUÇÃO

## Grandes Expectativas

Vamos começar com uma pergunta simples. Você já se sentiu pressionado a ter um bom desempenho? Se respondeu que não, talvez tenha atingido um transe meditativo quase zen. Ou talvez simplesmente não se importe muito com nada. Nos dois casos, provavelmente este livro não serve para você. Mas, se respondeu sim, então pode se considerar como quase todas as outras pessoas do planeta. Então, continue lendo!

Seja na escola, no escritório, no estúdio de artes ou na arena esportiva, em algum ponto a maioria de nós já sentiu um desejo de elevar o nível de nossa técnica. E isso é bom. O processo de definir uma meta além dos limites do que julgamos ser possível e correr atrás dela de forma sistemática é uma das partes mais recompensadoras da natureza humana. Também é bom que queiramos elevar o nível de nossas técnicas porque, mais do que nunca, não temos outra opção.

A maior parte deste livro se concentra em mostrar a você *como* melhorar seu desempenho. Mas, primeiramente, vamos contextualizar, explorando rapidamente *por que* fazer isso é mais essencial do que nunca.

*O processo de definir uma meta além dos limites do que julgamos ser possível e correr atrás dela de forma sistemática é uma das partes mais recompensadoras da natureza humana.*

### PRESSÃO SEM PRECEDENTES

O patamar do desempenho humano está mais alto do que nunca. Novos recordes atléticos são atingidos a cada semana. As exigências para aceitação em universidades atingiram níveis sem precedentes. A concorrência feroz é comum em quase qualquer canto da economia global. Em seu livro *The Coming Jobs War* ["A Guerra dos Futuros Empregos", em tradução livre], Jim Clifton escreveu que estamos prestes a entrar em "uma grande guerra global por bons empregos". Seria diferente se fosse um funcionário irritado desabafando isso em um blog. Mas Clifton não está nem perto disso. Ele é o presidente e CEO da Gallup, a empresa global de pesquisas, com uma reputação internacional de ter uma postura rigorosa e científica em seus estudos. Ele explica que pesquisas recentes da Gallup mostram de forma inequívoca que a concorrência global está levando a uma escassez de "empregos bons para pessoas boas". Como resultado, escreve: "Cada vez mais pessoas em todo o mundo estão consternadas, sem esperanças, sofrendo e se tornando perigosamente infelizes."

> *O patamar do desempenho humano está mais alto do que nunca.*

Clifton pintou um cenário assustador; infelizmente, ele tem razão. Dados mostram que o uso de antidepressivos nos Estados Unidos aumentou em 400% na última década e que a ansiedade é mais comum do que nunca. Embora essas condições possam ter origens genéticas, é mais provável que também sejam causadas pelo ambiente em que vivemos e que é descrito por Clifton.

Para compreender como chegamos a esse ambiente, não precisamos procurar além dos dispositivos eletrônicos que seguramos durante boa parte do dia. Colocando o mundo todo em alguns toques e gestos, a tecnologia digital abriu o acesso ao talento de uma forma impressionante. Tanto o número de pessoas disponíveis para cumprir determinada tarefa quanto os lugares onde ela pode ser cumprida aumentaram de forma drástica. Dan Schawbel, especialista em recursos humanos e autor do best-seller *Promova-se*, do *New York Times*, diz o seguinte: "Este não é o ambiente de trabalho de dez anos atrás. Existe muita pressão. E ele é competitivo no sentido de que qualquer pessoa no mundo poderia fazer seu trabalho ganhando menos, então você precisa trabalhar mais." Além disso, no ambiente de trabalho de dez anos no futuro, não teremos que competir apenas contra outras pessoas, mas também contra uma espécie sobre-humana que nunca se cansa e exige poucos cuidados.

## COMPETINDO COM AS MÁQUINAS

O uso de computadores, robôs e outras fontes de inteligência artificial está exercendo uma pressão crescente no desempenho humano. Isso costuma acontecer de formas tão sutis que nem percebemos. Por exemplo, ao utilizar tecnologia cada vez mais sofisticada para eliminar a necessidade de espaço físico, estoque e equipes de vendas, empresas como a Amazon podem reduzir seus custos operacionais. Isso permite que vendam praticamente tudo o que podemos querer com descontos enormes. Mas existe um lado sombrio nas megalojas online: o grande número de empregos que elas tornam obsoletos. De fato, a ascensão da Amazon marcou a queda e eventual falência de alguns concorrentes, incluindo a famosa livraria física norte-americana Borders. Em seu auge, ela empregava cerca de 35 mil pessoas. São muitos empregos perdidos. A parte mais assustadora dessa história é que hoje a Amazon vende muito mais do que livros, e está começando a explorar como entregar quase qualquer coisa sem depender de pessoas, e sim de drones mecânicos. Continua feliz com a sua assinatura da Prime?

Não são apenas os empregos em lojas e vendas que as máquinas estão eliminando. Zeynep Tufekci, professora doutora da Universidade da Carolina do Norte que estuda os impactos sociais da tecnologia, escreveu: "As máquinas estão ficando mais inteligentes e estão a caminho de cada vez mais empregos." Na última década, as máquinas aprenderam a processar a linguagem falada, reconhecer rostos humanos e ler suas expressões, classificar tipos de personalidades e até a conversar.

*O uso de computadores, robôs e outras fontes de inteligência artificial está exercendo uma pressão crescente no desempenho humano.*

Tufekci não está sozinha em sua preocupação sobre o impacto crescente da tecnologia sobre os humanos. Algumas das mentes mais brilhantes do mundo concordam. O físico Stephen Hawking, o inventor Elon Musk, o diretor de pesquisas do Google, Peter Norvig, e muitos outros são cossignatários de uma carta aberta pedindo a pesquisadores que tenham cuidado especial ao desenvolver novas inteligências artificiais. Hawking disse à BBC: "As formas primitivas de inteligência artificial que já temos se provaram muito úteis. Mas acredito que o desenvolvimento de uma inteligência artificial plena poderia significar o fim da raça humana."

Este livro não trata de cenários apocalípticos em que seremos forçados a guerrear contra as máquinas. Mas, de várias formas, já estamos lutando nesta guerra. E para conseguir acompanhar as máquinas, precisaremos melhorar nossas técnicas. É inevitável.

## COMPETINDO UNS COM OS OUTROS

Em 1954, quando Sir Roger Bannister se tornou a primeira pessoa a correr uma milha em menos de 4 minutos, muitos pensaram que isso representava os limites do desempenho humano. Logo após cruzar a linha de chegada, ele afirmou: "Os médicos e cientistas diziam que quebrar a barreira de 4 minutos era impossível, que as pessoas morreriam ao tentar. Por isso, quando me levantei da pista, depois de desabar na linha de chegada, imaginei que tivesse morrido."

Hoje, mais de 20 norte-americanos quebram a barreira de 4 minutos *todos os anos*. Quando atletas de outros países, incluindo potências da corrida como o Quênia e a Etiópia, são levados em conta, especialistas estimam que centenas de pessoas correm milhas sub-4 anualmente. Poxa, alguns corredores fazem *intervalos de treino* nesse ritmo. Loucura é o novo normal. Basta olhar o recorde de milha atual — 3 minutos e 43 segundos — marcado por Hicham El Guerrouj em 1999. Sir Roger não teria nem entrado na mesma reta que El Guerrouj quando ele cruzasse a linha de chegada.

Em quase todos os esportes em que competimos contra o tempo, o que seria um recorde mundial há meio século é hoje uma marca batida regularmente por adolescentes. Os esportes em equipe também estão se tornando cada vez mais competitivos. Em 1947, a altura média de um jogador de basquete profissional era 1,93m. Hoje, esse número subiu para 2m. Não são apenas as características físicas geneticamente determinadas, como a altura, que aumentaram, mas as habilidades também. Ao assistir uma gravação de um jogo da década de 1950, percebemos que até os armadores — jogadores especialistas no controle da bola — driblavam quase exclusivamente com sua mão dominante. Hoje, quase todo jogador em quadra parece ser ambidestro.

Por que e como isso ocorreu? Assim como na economia tradicional, na economia esportiva o surgimento de uma oferta global de talentos aumentou o número de pessoas "em jogo" com a genética ideal para um esporte específico, além de várias pessoas dispostas a dedicar suas vidas a atingir a excelência. Acrescente treinamentos, nutrição e métodos de recuperação melhores e mais científicos, e fica fácil de entender os 16 segundos que separam El Guerrouj e Bannister.*

O AUMENTO NA PRESSÃO PELO DESEMPENHO é onipresente em todos os domínios. Este é um movimento sem término à vista e, se Stephen Hawking estiver certo, é possível que estejamos apenas no início dele. Por isso, não deveria ser surpresa que as pessoas estejam indo cada vez mais longe em busca de uma vantagem.

## INDO CADA VEZ MAIS LONGE

Você já entrou em uma loja de suplementos para atletas? Se tiver entrado, e se pensar como nós, deve ter se perguntado: quem compra todas essas pílulas, pós e shakes? A julgar pelos números, a resposta é: quase todo mundo. Embora apenas uma minúscula fração da população no mundo desenvolvido tenha deficiências de minerais ou vitaminas que poderiam

---

* Seria injusto não mencionarmos o doping ou o consumo ilegal de drogas que melhoram o desempenho. Infelizmente, o doping teve papel inegável em um número excessivo de desempenhos recorde, algo que exploraremos em mais detalhes neste livro. Mesmo assim, o crescimento geral no desempenho em todo o atletismo é grande demais para ser atribuído unicamente ao doping.

ser melhoradas com suplementos, a receita anual da indústria global de suplementos supera os US$100 bilhões com regularidade.

Mais surpreendentes ainda são as afirmações inacreditáveis feitas por vários dos fabricantes dos suplementos e produtos relacionados mais vendidos. Considere, por exemplo, um produto chamado de Neuro Bliss — uma bebida que promete reduzir o estresse e melhorar o funcionamento do cérebro e do corpo. Uma garrafa é vendida por mais de US$2. Embora o site da empresa afirme: "Em um mundo acelerado, as neurobebidas ajudam a nivelar o jogo", ainda não encontramos nenhum dado científico que sustente essa afirmação. Mesmo assim, Neuro Bliss continua sendo um sucesso de vendas. As pessoas estão desesperadas por uma vantagem — qualquer uma —, mesmo quando não há dados que indiquem que ela exista. Infelizmente, esse tipo de desespero costuma ser o primeiro passo em um caminho perigoso rumo ao mundo do abuso de substâncias controladas para melhorar o desempenho.

ERA HORA DA PROVA em uma grande universidade, e uma aluna, que vamos chamar de Sara, percebeu uma tendência que a deixou um pouco mais nervosa do que o normal. Cada vez mais seus colegas, alunos com os quais seria comparada, estavam tomando Adderall. Desenvolvido para tratar o transtorno do deficit de atenção com hiperatividade (TDAH), ou incapacidade clínica de manter a atenção e o foco, o Adderall combina os estimulantes levanfetamina e dextroanfetamina, produzindo o que é basicamente uma versão controlada das anfetaminas usadas como droga recreativa.

Embora vários especialistas acreditem que a taxa natural de ocorrência de TDAH seja próxima de 5% a 6% da população, dados dos Centros de Controle e Prevenção de Doenças (CDC) mostram que os diagnósticos costumam ocorrer ao dobro dessas taxas, ou seja, aproximadamente 11% dos jovens norte-americanos. Mas, na perspectiva de Sara, quase todos no campus estavam usando Adderall, tivessem ou não um diagnóstico de TDAH ou uma receita para o remédio.

Por que isso estava acontecendo? De acordo com o WebMD, que é uma fonte provável para alunos de faculdade em busca de uma receita informal para remédios, o Adderall "aumenta a capacidade de atenção, concentração, foco e reduz espasmos". Não importa que os efeitos colaterais incluam perda de apetite, dor de estômago, náuseas, dor de cabeça, insônia e alucinações. Esses alunos, que não apresentavam sinais de TDAH, estavam usando o Adderall como esteroide para o cérebro para obter uma vantagem psicológica. O abuso de drogas por estudantes é parecido com atletas que abusam de esteroides nos esportes, em que drogas desenvolvidas inicialmente para tratar condições médicas são usadas de forma ilícita por indivíduos saudáveis para obter uma vantagem física. Alguns pesquisadores estimam que 30% dos estudantes procuram estimulantes como o Adderall por razões não medicinais. Não surpreende que o abuso de Adderall seja mais comum durante períodos de estresse elevado, como em época de provas. Diversos estudantes afirmam que a droga reduz a fadiga e aumenta a compreensão da leitura, o interesse, a cognição e a memória.

Em uma reportagem investigativa recente, a CNN perguntou a estudantes usuários sobre suas experiências com o Adderall. As respostas parecem um comercial:

- "O fato de ser ilegal nem passou pela minha cabeça. Não fico nervoso com isso porque é uma coisa que todos usam e é simples."
- "Eu me sinto vivo e acordado e pronto para os desafios que aparecerem na minha frente."
- "Cheguei na 15ª página do meu trabalho em poucas horas... e estou bem confiante com ele."

Não é estranho que Sara esteja se sentindo ameaçada. "Não uso porque considero trapaça, mas está desenfreado — sem controle", afirmou.

**JÁ SERIA RUIM O BASTANTE** se o uso ilícito de drogas em busca de uma vantagem fosse limitado a ambientes acadêmicos, mas parece que a tendência também está se tornando cada vez mais presente no mundo profissional. A Dra. Kimberly Dennis é diretora médica de um centro de abuso de substâncias perto de Chicago. Ela afirma que observou um aumento expressivo no uso de drogas como o Adderall em profissionais de 25 a 45 anos que, assim como os estudantes, procuram obter qualquer vantagem, por menor que seja.

Uma trabalhadora, Elizabeth, afirmou ao *New York Times:* "É necessário — necessário para sobreviver entre os melhores, os mais inteligentes, as pessoas que conquistam." Durante o processo de fundar uma empresa inovadora de tecnologia de saúde, Elizabeth percebeu que simplesmente não bastava trabalhar muito. Ela sentiu que precisava dedicar mais tempo, e seu sono estava atrapalhando. Então, recorreu ao Adderall. "Amigos meus, pessoas do mundo das finanças e de Wall Street, são corretores que começam o dia às 5h da manhã e precisam dar o máximo — a maioria deles tomava Adderall. Você não pode ficar para trás... é assim na maioria das empresas que conheço com pessoas jovens e motivadas — existe uma certa expectativa de desempenho."

O Dr. Anjan Chatterjee, chefe de neurologia no Pennsylvania Hospital e autor de *The Aesthetic Brain* ["O Cérebro Estético", em tradução livre], considera o uso de drogas para produtividade no trabalho como o "futuro provável". Os norte-americanos continuarão a trabalhar mais e tirar menos férias. "Por que não adicionar drogas para energizar, focar e limitar aquela perda de tempo inconveniente — o sono?"

Embora pareça ser drástica, a previsão de Chatterjee não é exclusiva. Outro especialista que concorda com ele é Erik Parens, cientista comportamental no think tank sobre ética The Hastings Center. Ele diz que a epidemia do uso de estimulantes nos Estados Unidos é apenas um sintoma da vida moderna: dando o máximo 24 horas por dia, acorrentado ao e-mail, precisando ter um desempenho melhor hoje do que ontem. Mas isso não significa que esse estilo de vida ou o uso necessário de estimulantes para mantê-lo sejam coisas boas. Como logo descobriremos, com ou sem drogas, manter um desempenho desses sem parar, sem descanso suficiente, não é ideal,

*Uma cultura que força as pessoas a violarem a lei e trapacearem só para continuar em jogo, que dirá ganhar posições, não é boa.*

no melhor dos casos, e pode ser perigoso, no pior. Uma cultura que força as pessoas a violarem a lei e trapacearem só para continuar em jogo, que dirá ganhar posições, não é boa — nem sustentável.

Quando Chatterjee e outros especialistas falam sobre doping no trabalho, costumam fazer analogias com esportes — ambientes de competição intensa, alto risco, de vitórias a qualquer custo, em que até mesmo a menor das vantagens pode render ganhos enormes. Infelizmente, se os ambientes de trabalho estiverem mesmo seguindo o mesmo caminho dos esportes, essa notícia é ruim para todos.

## MAIOR, MAIS RÁPIDO, MAIS FORTE — MAS A QUE CUSTO?

Os recordes de home runs, as camisas amarelas do Tour de France e as medalhas olímpicas representam feitos de desempenho sobre-humano. Infelizmente, vários desses desempenhos provaram ser exatamente isso: sobre-humanos. São ilusões apoiadas por recursos farmacológicos e sofisticações médicas que se equiparam ao que podemos encontrar nos melhores hospitais. Embora menos de 2% de quem usa doping seja flagrado, pesquisas sugerem que até 40% dos atletas de elite utilizam substâncias banidas para melhorar seu desempenho. Mais de um quarto dos atletas que vemos na TV podem estar jogando sujo.

Embora seja fácil pensar que o problema está limitado aos níveis mais altos do esporte, isso está bem longe da verdade. O doping existe da mesma forma no atletismo universitário, escolar e amador. Uma pesquisa de 2013 conduzida pela Partnership for Drug-Free Kids mostrou que 11% dos alunos do ensino médio usaram o hormônio do crescimento humano (HGH) sintético pelo menos uma vez no ano anterior. Pense bem nisso. Onze por cento dos adolescentes estão injetando uma versão artificial do hormônio mais poderoso do corpo diretamente em seus corpos em desenvolvimento. Talvez a única coisa mais preocupante seja o fato de que esses adolescentes estejam se inspirando em seus pais.

É triste, mas é verdade. Atletas de fim de semana competitivos — homens e mulheres de meia-idade que tentam superar seu grupo etário em corridas, ciclismo e triatlos — têm sido flagrados de forma cada vez mais frequente usando drogas para melhorar o desempenho. O problema é tão grave que agências governamentais desses esportes estão implantando programas de teste de drogas até para pessoas que não correm profissionalmente. David Epstein, um respeitado repórter investigativo que aborda o doping, mergulhou fundo no mundo das drogas para melhoria do desempenho (PED) entre atletas de fim de semana. O que descobriu não é nada bonito: ele afirma que cerca de US$120 bilhões são alocados para o "antienvelhecimento", em grande parte para a venda de esteroides a homens de meia-idade. Esse mercado deve continuar crescendo conforme os baby boomers, com suas rendas disponíveis e seu desejo de se manterem jovens e competitivos, envelhecem. Epstein resume a situação no título da reportagem: "Todos estão tomando."

As consequências dessa cultura de desempenho a qualquer custo são gravíssimas. Desempenhos inacreditáveis, do tipo que costumava elevar as pessoas ao estrelato, tornaram-se literalmente inacreditáveis. Sempre que alguém atinge uma marca incrível, seja no campus, no trabalho ou no esporte, somos forçados a questionar sua integridade. Como diz o Dr. Michael Joyner, especialista em desempenho humano na Mayo Clinic: "Vivemos em um mundo em que desempenhos excepcionais são suspeitos." Mesmo que essa situação possa ser triste em um nível cultural, talvez ela seja ainda pior no nível individual. Esse é o caso especialmente para pessoas que, como a estudante Sara, optam por jogar limpo e não sacrificar sua saúde e moralidade. Como resultado, pessoas como Sara são forçadas a elevar sua capacidade a níveis ilusórios. Com muita frequência, o resultado não é bom.

*Desempenhos inacreditáveis, do tipo que costumava elevar as pessoas ao estrelato, tornaram-se literalmente inacreditáveis.*

## BURNOUT

Uma pesquisa de 2014 em mais de 2.500 empresas em 90 países de todo o mundo constatou que um grande desafio para os empregadores modernos é o "empregado sobrecarregado". Os trabalhadores, talvez por medo de precisarem estar sempre "ligados" porque mais alguém estará, conferem seus celulares quase 150 vezes por dia. E quando deslizam as telas de seus dispositivos, o que encontram é uma quantidade de informações completamente avassaladora. Um estudo observou que mais da metade dos trabalhadores de escritórios acredita ter chegado ao ponto de ruptura: simplesmente não conseguem lidar com mais informações e descrevem um sentimento de desmoralização como resultado.

Mesmo assim, não importa quanto nossos esforços pareçam inúteis, nos sentimos compelidos a continuar. Esse ímpeto é especialmente comum nos norte-americanos. Apenas um terço dos trabalhadores norte-americanos afirma fazer uma pausa adequada para almoço (ou seja, saem de suas mesas). Os 66% restantes optam por comer no trabalho ou não almoçam. Não é apenas durante o almoço que os norte-americanos trabalham, mas também durante o jantar, à noite, nos fins de semana. Em um artigo cujo nome diz tudo, "Americans Work Too Long (And Too Often at Strange Times)" [Os Norte-americanos Trabalham Demais (e Muitas Vezes em Horários Estranhos), em tradução livre], os economistas Daniel Hamermesh e Elena Stancanelli descobriram que 27% dos norte-americanos trabalham com regularidade entre as 22h e as 6h e 29% trabalham pelo menos um pouco nos fins de semana.

Seria uma coisa se compensássemos nossas tendências workaholic com pausas longas para recarregar e rejuvenescer. Mas esse não é o caso. Em média, os trabalhadores norte-americanos deixam de tirar cinco dias de férias ao fim de cada ano. Se somarmos tudo, como fez a Gallup em 2014, descobrimos que a semana de trabalho típica dos norte-americanos tem 47 horas,

*Os norte-americanos estão trabalhando quase um dia extra, todas as semanas.*

e não 40. Ou seja, os norte-americanos estão trabalhando quase um dia extra, todas as semanas. Com esse pano de fundo, não é nada chocante que 53% dos trabalhadores dos EUA afirmem estar esgotados.

O trabalho incessante e frenético não nos faz sentir apenas esgotados. Ele também faz mal à saúde. Um caso extremo é o de Moritz Erhardt, de 21 anos, um estagiário do Bank of America Merrill Lynch que, após trabalhar por 72 horas seguidas, foi encontrado morto em seu chuveiro. De acordo com a autópsia, morreu de um ataque epilético que pode ter sido causado pela fadiga. Logo após a morte trágica de Erhardt, o Goldman Sachs, outro grande banco de investimentos, definiu uma restrição para o número de horas que estagiários podem trabalhar em um dia: 17.

Menos extremos do que a história terrível de Erhardt, mas muito mais comuns, são os casos em que cargas de trabalho insustentáveis e tensões constantes contribuem com a ansiedade, depressão, insônia, obesidade, infertilidade, problemas sanguíneos, doenças cardiovasculares e diversas outras consequências biofísicas que prejudicam nossa qualidade e tempo de vida. A ironia é que o burnout não é comum apenas no mundo corporativo, mas também em áreas que existem para educar as pessoas sobre a saúde e ajudá-las a obtê-la. Estudos observaram que mais de 57% dos residentes médicos e até 46% dos médicos formados atendem aos critérios do burnout. Outras pesquisas mostram que mais de 30% dos professores também sofrem da síndrome.

O TRABALHADOR APARENTEMENTE PRESO a um horário comercial pode invejar a flexibilidade e liberdade de um artista ou escritor, mas acontece que a flexibilidade e a liberdade não são as curas perfeitas para o burnout que imaginamos. Quase todos os artistas já sofreram de burnout criativo em algum ponto de suas carreiras. Este distúrbio é comum em artistas porque sua paixão é tanto uma dádiva quanto uma maldição. Uma dádiva porque, como observou Platão no século IV a.C., a paixão é "o canal pelo qual recebemos as maiores bênçãos" e alimenta obras originais, imaginativas e inspiradas. Mas, se não for controlada, a paixão pode levar os artistas a trabalharem até a exaustão.

Obsessão, perfeccionismo, hipersensibilidade, necessidade de controle e altas expectativas são características comuns dos grandes artistas, e todas têm relação com o burnout criativo. Some a isso a pressão de obter seu sustento a partir da arte, as críticas mordazes, a comparação social e a natureza solitária do trabalho criativo e fica mais fácil entender por que tantos artistas sofrem de burnout ou coisa pior. Pesquisas mostram que pessoas que trabalham em áreas criativas são especialmente suscetíveis à ansiedade, depressão, alcoolismo e suicídio.

Outra vocação em que a paixão e a pressão costumam colidir é nos esportes, em que o burnout é um dos principais motivos para que todos — de crianças a atletas de fim de semana ou profissionais — abandonem os esportes. É tão frequente que atletas exijam demais de si mesmos sem descanso que existe um termo médico para isso: síndrome do overtraining. Na síndrome do overtraining, o sistema nervoso central é afetado, gerando uma série de efeitos biológicos negativos. Esta síndrome resulta em fadiga profunda, doenças, lesões e queda no desempenho. É a forma do corpo dizer: "Para mim chega — não aguento mais." Um tipo de desligamento forçado.

A síndrome do overtraining soa como algo a ser evitado a qualquer custo, especialmente se você depende do corpo para obter seu sustento. Mesmo assim, mais de 60% dos corredores de elite afirmam ter treinado em excesso em algum ponto de suas carreiras. Talvez seja surpreendente, mas não são apenas atletas de elite que caem na tentação de fazer mais quando seus corpos lhes dizem para fazer menos: de 30% a 40% dos atletas escolares e amadores já sofreram com overtraining pelo menos uma vez em suas carreiras esportivas.

> *De 30% a 40% dos atletas escolares e amadores já sofreram com overtraining pelo menos uma vez em suas carreiras esportivas.*

**A esta altura já deve estar claro** que as pressões pelo desempenho surgem de todas as direções. Como resultado, cada vez mais pessoas estão trabalhando além do ponto em que os resultados diminuem. Algumas até apelam para drogas que melhoram o desempenho, arriscando sua saúde e reputação e violando códigos éticos e legais. Será que essa é mesmo a nova exigência para o sucesso na sociedade atual? Deve existir um caminho melhor.

Na verdade, existe. O restante deste livro se dedica a explorá-lo.

## UM CAMINHO MELHOR

Nos últimos anos, tivemos o privilégio de mergulhar fundo nas práticas das pessoas de maior desempenho em diversas disciplinas e domínios. Estudamos, entrevistamos, observamos e, em alguns casos, trabalhamos com pessoas que não estão apenas no auge do seu jogo, mas estão também no auge *do* jogo. Ao fazer isso, percebemos semelhanças marcantes em como essas pessoas abordam seu trabalho. Na verdade, não importa se alguém está tentando se classificar para a Olimpíada, chegar a uma nova teoria matemática ou criar uma obra-prima artística, vários dos princípios que embasam o sucesso saudável e sustentável são os mesmos.

*Na verdade, não importa se alguém está tentando se classificar para a Olimpíada, chegar a uma nova teoria matemática ou criar uma obra-prima artística, vários dos princípios que embasam o sucesso saudável e sustentável são os mesmos.*

Esses princípios — todos testados pelo tempo, seguros, éticos e legais — têm sido usados por pessoas de alto desempenho há séculos. Mas foi apenas agora que dados científicos fascinantes revelaram por que e como esses princípios do desempenho funcionam. Essa compreensão fez com que se tornassem acessíveis a todos. O resto deste livro é dedicado a examinar esses princípios detalhadamente, mesclando história e ciência para que você, leitor, receba informações práticas, concretas e baseadas em evidências para ajudá-lo a melhorar sua técnica.

Sua jornada para entender a ciência e a arte do desempenho exige que façamos conexões entre áreas tradicionalmente distintas. É a partir dessas conexões ignoradas que surgem percepções poderosas sobre desempenho. Nas palavras de Eric Weiner, autor e especialista em inovação, descobertas ocorrem quando "as pessoas percebem a natureza arbitrária de sua própria [área] e abrem suas mentes para, na prática, a possibilidade da possibilidade. Quando percebemos que existe outra forma de fazer X ou de pensar sobre Y, todo tipo de canal novo se abre". Com isso em mente, ao longo deste livro demonstraremos o que um artista pode aprender com um atleta, o que um intelectual pode aprender com um artista e o que um atleta pode aprender com um intelectual.

Mostraremos como fortalecer sua habilidade de resolver problemas cognitivos complexos é semelhante a fortalecer sua habilidade de levantar pesos — que os melhores pensadores e os melhores halterofilistas do mundo seguem os mesmos processos para evoluir. Investigaremos a influência da rotina e do ambiente, e explicaremos como e por que o aquecimento de atletas de ponta, artistas e oradores é tão semelhante e tão eficaz. Discutiremos até a moda e usaremos a ciência para explicar por que os gênios do passado, como Albert Einstein, e os gênios de hoje, como Mark Zuckerberg, não ligam muito para ela. Exploraremos por quê, após atingir descobertas — seja pintando uma obra-prima, escrevendo um romance premiado ou batendo um recorde mundial nos esportes —, várias pessoas de alto desempenho costumam agradecer e atribuir seu sucesso a forças externas: seja a família, Deus ou outra força transcendental.

Se tivermos feito um bom trabalho, ao terminar de ler este livro, você entenderá plenamente:

- O ciclo científico por trás do crescimento e do desenvolvimento
- Como se preparar para o auge do desempenho e a produtividade diária
- O poder do propósito para melhorar o desempenho

Mas o mais importante é que você será capaz de usar esses conceitos em seus próprios interesses, sejam quais forem. Para ajudar nisso, ao longo do livro você encontrará seções breves com o título "Práticas de Desempenho". A intenção dessas seções é reforçar pontos-chave e ajudar na reflexão sobre como pode aplicá-los em sua própria vida.

# SEÇÃO 1

# A EQUAÇÃO DO CRESCIMENTO

# 1
# O SEGREDO DO SUCESSO SUSTENTÁVEL

Pense por um momento o que é preciso para fortalecer músculos, como os seus bíceps. Se você tentar levantar pesos que sejam pesados demais, provavelmente não passará de uma repetição. E mesmo que consiga, é possível que se machuque. Por outro lado, erga um peso leve demais e não verá muito resultado, talvez nenhum; seus bíceps não crescerão. É necessário descobrir o peso perfeito: uma quantidade que você consiga dar conta, mas que o deixará cansado e fatigado — mas não lesionado — quando tiver terminado o exercício. Ainda assim, descobrir esse peso ideal é só metade da luta. Se levantar peso todos os dias, várias vezes por dia, sem descansar muito entre as séries, é quase certo que se esgotará. Mas se quase nunca for à academia e deixar de forçar seus limites com regularidade, também não ficará mais forte. A chave para fortalecer seus bíceps — e, como veremos, qualquer músculo, seja ele físico, cognitivo ou emocional — é equilibrar a quantidade certa de estresse com a quantidade certa de descanso. Estresse + descanso = crescimento. Essa equação é verdadeira, independentemente do que você esteja tentando desenvolver.

> *Estresse + descanso = crescimento. Essa equação é verdadeira, independentemente do que você esteja tentando desenvolver.*

## PERIODIZAÇÃO

No mundo da ciência dos exercícios, esse ciclo de estresse e descanso costuma ser chamado de periodização. O estresse — e não estamos falando de brigar com seu cônjuge ou chefe, mas de algum tipo de estímulo, como erguer um peso pesado — desafia o corpo, em alguns casos levando-o quase à falha. Esse processo costuma ser seguido por uma leve queda no funcionamento — pense em como seus braços ficam inutilizados após uma sessão de levantamento de peso. Porém, se após um período de estresse você der ao seu corpo um tempo para descansar e se recuperar, ele se adapta e fica mais forte, permitindo que você exija um pouco mais dele no futuro. Com o tempo, esse ciclo parece o seguinte:

1. Isole o músculo ou a capacidade que deseja desenvolver
2. Estresse-o
3. Descanse e se recupere, permitindo que a adaptação ocorra
4. Repita — desta vez, estressando o músculo ou capacidade um pouco mais do que fez da última vez

Os atletas de ponta dominam esse ciclo. Em um nível mais básico, seu treinamento alterna entre dias pesados (por exemplo, séries até a beira da falha muscular e da exaustão total) e dias leves (por exemplo, correndo em ritmo lento). Os melhores atletas também priorizam a recuperação, o tempo no sofá ou na cama, tanto quanto priorizam o tempo na pista ou na academia. Em um nível mais amplo, os grandes atletas costumam seguir um mês de treinamento pesado com uma semana mais leve. Eles projetam intencionalmente suas temporadas para terem apenas alguns eventos de pico, seguidos por períodos de recuperação física e psicológica. Os dias, semanas, meses, anos e carreiras inteiras dos grandes atletas representam altos e baixos contínuos de estresse e descanso. Aqueles que não conseguem encontrar o equilíbrio certo sofrem lesões ou esgotamento (muito estresse, pouco descanso) ou ficam complacentes e entram em platô (pouco estresse, muito descanso). Por outro lado, aqueles que encontram o equilíbrio certo viram campeões para toda a vida.

## DESEMPENHO SUSTENTÁVEL

Quando Deena Kastor se formou na Universidade do Arkansas em 1996, ela era uma boa corredora universitária que nunca havia conquistado uma grande vitória. Havia recebido várias premiações norte-americanas e subido em vários pódios, mas o campeonato nacional universitário sempre ficou a um passo — alguns segundos, para ser preciso — de distância. Isso não impediu que Kastor tivesse se dedicado totalmente às corridas. Após a formatura, ela entrou em contato com o técnico lendário Joe Vigil e o seguiu até a cidade de Alamosa, no Colorado, onde o ar tem pouco oxigênio, e então até Mammoth Lakes, na Califórnia. Lá, treinando a 2.750m acima do nível do mar, Kastor trabalhou e atingiu um nível muito além do que seu sucesso universitário poderia prever.

Uma olhada no diário de treinos de Kastor durante seu auge e uma palavra vem à mente: extraordinário. Uma corrida de 24 milhas a 2.150m de altitude; repetições de milhas a velocidades que para muitas pessoas seriam equivalentes a 100m livres; e o seu favorito, 4 por 2 milhas a um ritmo destruidor de pulmões de 5 minutos por milha, tudo na trilha mais alta de Mammoth Lakes. Esses exercícios heroicos eram apenas uma pequena parte de todas as corridas de Kastor. Ao final de cada semana, no canto inferior direito de seu diário de treinos, ela circulava o "total de milhas percorridas". O número quase sempre ficava entre 110 e 140. Embora isso possa parecer extraordinário, para Kastor isso era muito normal. Como resultado, ela atingiu os níveis mais altos do sucesso atlético.

Deena Kastor é, sem dúvida, o nome mais associado às corridas femininas nos Estados Unidos, e por um bom motivo. Ela recebeu uma medalha olímpica de bronze na maratona e se destacou em várias corridas nacionais importantes. É dona do recorde norte-americano da maratona, cumprindo os 42km em apenas 2 horas e 19 minutos, um ritmo de 5 minutos e 20 segundos a cada 1,6km. Imagine correr 1,6km nessa velocidade, e depois repetir isso 26 vezes seguidas. Talvez mais difícil ainda de entender seja a maratona de 2 horas e 27 minutos (um ritmo de 5 minutos e 40 segundos a cada 1,6km) que ela completou aos 42 anos. É isso mesmo, Kastor continua correndo incrivelmente rápido quando já deveria estar no final de sua carreira esportiva. E embora possa perder uma ou outra corrida para alguém dez ou vinte anos mais nova, ela lidera o pelotão de maneira consistente, competindo e muitas vezes vencendo mulheres jovens o bastante para serem suas filhas.

Pergunte a Kastor como ela conseguiu manter esse nível de desempenho e você receberá uma aula de periodização. Embora seja rápida em mencionar o trabalho com afinco que realiza, ela menciona com a mesma rapidez o descanso que vem em seguida. "As grandes alturas que conquistei nos últimos anos vieram de fora do ambiente de treinos e de como eu escolho me recuperar", disse à revista *Competitor* em 2009. "Durante um exercício, rompemos os tecidos e realmente estressamos nosso corpo. É como tratamos a nós mesmos entre os treinos que obtemos nossos ganhos e adquirimos a força para atacar o próximo."

Kastor percebeu cedo que simplesmente trabalhar com afinco não bastaria. Ela chega até a chamar os treinos de parte fácil. O que faz com que se destaque, a mágica para correr tão rápido e tão longe por 25 anos, é como ela se recupera: as 10 a 12 horas que dorme todas as noites; sua postura meticulosa quanto à dieta; suas sessões semanais de massagem e alongamento.

*O estresse exige descanso, e o descanso sustenta o estresse.*

Ou seja, tudo o que faz quando não está treinando é que permite a realização do que faz nos treinos. O estresse exige descanso, e o descanso sustenta o estresse. Kastor dominou esses fatores e entende quanto estresse consegue tolerar e de quanto descanso precisa. Por isso, o resultado — uma vida de crescimento e excelência — não é tão surpreendente.

## TUDO DE BOM SEGUE O ESTRESSE E O DESCANSO

Kastor com certeza é única, mas sua história encontra ecos na pesquisa de Stephen Seiler. Em 1996, logo após terminar seu doutorado em fisiologia nos Estados Unidos, Seiler se mudou para a Noruega. Quando chegou, percebeu algo que o deixou pasmo: durante corridas de cross-training, grandes esquiadores de cross-country paravam antes dos morros e começavam lentamente a subir *andando*. Seiler não entendia. Por que alguns dos melhores atletas fundistas do planeta treinavam tão leve?

Ele encontrou o técnico da seleção de esqui cross-country da Noruega, Inge Bråten, o homem por trás de lendas como Bjørn Dæhlie, oito vezes medalhista de ouro, e o perguntou se ele podia imaginar os atletas lentamente subindo os morros em seus treinos e, se não, como poderia explicar o que acontecia. Bråten simplesmente disse a Seiler que os esquiadores que ele viu andando tinham treinado pesado recentemente, então precisavam treinar leve.

Ao ouvir isso, Seiler se lembrou de um artigo que havia lido, afirmando que os corredores quenianos passavam a maior parte do seu treino correndo a passo de tartaruga. Quando revisitou a pesquisa, viu também que mencionava que os quenianos alternavam dias muito pesados e outros muito leves. Nesse momento, percebeu que os melhores atletas de verão e de inverno do mundo pareciam treinar de forma muito semelhante. Como qualquer bom cientista, ele decidiu testar sua hipótese.

Seiler investigou o treinamento de atletas de ponta em diversos esportes de resistência, incluindo corrida, esqui, natação e ciclismo. Ele descobriu que, não importa o esporte ou a nacionalidade, os treinamentos seguiam mais ou menos a mesma distribuição. Os melhores atletas do mundo não estavam seguindo um modelo "sem dor, sem ganho", nem estavam fazendo o que as revistas de exercícios chamavam de treino intervalado de alta intensidade (HIIT) ou "exercícios do dia" aleatórios. Na verdade, eles alternavam sistematicamente entre períodos de trabalho muito intenso e de treinos leves e recuperação, mesmo que isso significasse *andar* morro acima. A progressão e o desenvolvimento constantes dos competidores de ponta, observou Seiler, era um exercício de estresse e descanso.

## DESENVOLVIMENTO INTELECTUAL E CRIATIVO

Mais ou menos na época em que Seiler estava explorando os pontos comuns entre os maiores atletas de resistência do mundo, outro pesquisador explorava os pontos comuns entre as pessoas de maior desempenho criativo e intelectual do mundo. Esse pesquisador era o Dr. Mihaly Csikszentmihalyi, pioneiro no campo da psicologia positiva e conhecido por suas ideias sobre felicidade, significado e desempenho ideal. Se você já ouviu o termo "fluxo" — um estado de estar totalmente absorvido em uma atividade, com foco inabalável, completamente inspirado — isso é obra de Csikszentmihalyi.

Menos conhecido do que sua obra sobre o fluxo, mas igualmente profundo, é seu estudo sobre criatividade. Durante 50 anos, Csikszentmihalyi realizou centenas de entrevistas com gênios que mudaram suas áreas em diversos domínios. Falou com inventores revolucionários, artistas inovadores, cientistas vencedores do Nobel e escritores vencedores do Pulitzer. Assim como Seiler descobriu que atletas fundistas de ponta migravam para um estilo semelhante de trabalho, Csikszentmihalyi constatou que o mesmo ocorria com gênios criativos: as mentes mais brilhantes passavam seu tempo buscando uma atividade com intensidade feroz ou se dedicando completamente à restauração e recuperação. Csikszentmihalyi descobriu que essa abordagem não apenas evita o burnout criativo e a fadiga cognitiva, mas também alimenta ideias e descobertas revolucionárias (exploraremos melhor por que isso acontece no Capítulo 4). Csikszentmihalyi documentou um processo comum a quase todos os grandes ícones intelectuais e criativos, independentemente de sua área:

*As mentes mais brilhantes passavam seu tempo buscando uma atividade com intensidade feroz ou se dedicando completamente à restauração e recuperação.*

1. Imersão: envolvimento total com sua obra, com foco profundo e incessante

> ## Práticas de Desempenho
>
> - Alterne entre ciclos de estresse e descanso em suas atividades mais importantes.
> - Inclua pausas curtas ao longo do trabalho durante o dia.
> - Agende estrategicamente seus "dias de folga", finais de semana prolongados e férias para que sigam períodos de estresse elevado.
> - Determine quando seu trabalho começa a piorar com regularidade. Quando encontrar esse ponto, inclua uma pausa de recuperação logo antes disso.

2. Incubação: um período de descanso e recuperação quando nem pensa em seu trabalho
3. Insight: a ocorrência de momentos "a-ha" ou "eureka" — o surgimento de novas ideias e o crescimento de seu raciocínio

Parece familiar? A forma como pessoas de alto desempenho intelectual e criativo desenvolvem suas mentes reflete a forma como pessoas de alto desempenho físico desenvolvem seus corpos. Talvez isso ocorra porque nossos músculos e nossas mentes sejam mais semelhantes do que imaginamos. Assim como nossos músculos se esgotam e ficam sem energia, estamos prestes a constatar que o mesmo ocorre com nossas mentes.

## A MENTE COMO MÚSCULO

Em meados da década de 1990, o Dr. Roy Baumeister, psicólogo social que trabalhava na Universidade de Case Western Reserve à época, revolucionou como imaginamos a mente e sua capacidade. Baumeister queria chegar à raiz das dificuldades do cotidiano, como por que nos sentimos mentalmente "cansados" após enfrentar um problema complexo. Ou, quando fazemos dieta, por que temos mais probabilidade de fraquejar à noite, após resistir com diligência a alimentos gordurosos durante o dia todo. Em outras palavras, Baumeister estava interessado em entender como e por que nosso poder intelectual e nossa força de vontade ficam sem combustível.

Quando começou a investigar o problema, Baumeister não precisou das melhores e mais recentes tecnologias de imagens cerebrais. Bastaram alguns biscoitos e rabanetes.

Em um experimento bem projetado, Baumeister e seus colegas pediram a 67 adultos para entrarem em uma sala com cheiro de biscoitos de chocolate. Depois que os participantes se acomodaram, biscoitos frescos foram levados para a sala. Assim que as glândulas salivares de todos começaram a funcionar, as coisas ficaram interessantes. Enquanto metade dos participantes do estudo podiam comer os biscoitos, a outra metade era impedida de fazê-lo. Para piorar, os que não comia biscoitos recebiam rabanetes e eram informados de que podiam comê-los.

Como podemos imaginar, as pessoas que comiam biscoito não viam problemas na primeira parte do experimento. Como a maioria das pessoas em sua situação, gostavam de aproveitar. Quem comia rabanetes, por outro lado, tinha grandes dificuldades. "[As pessoas que comiam rabanetes] demonstravam grande interesse nos biscoitos, a ponto de observá-los com desejo e, em alguns casos, até mesmo pegar os biscoitos para cheirá-los", registrou Baumeister. Resistir aos biscoitos não era uma tarefa fácil.

Isso não parece revolucionário. Quem não teria dificuldades para resistir a doces deliciosos? Porém as coisas ficavam mais interessantes na segunda parte do experimento, em que as pessoas que comiam rabanetes continuavam a sofrer. Depois que ambos os grupos terminavam de comer, era pedido a todos os participantes para resolverem um problema que parecia solucionável, mas não era. (Sim, era um experimento cruel, especialmente para quem ficava com os rabanetes.) Quem havia comido rabanetes resistia pouco mais de 8 minutos e fazia 19 tentativas de resolver o problema. Quem havia comido biscoitos, por outro lado, persistia por mais de 20 minutos e tentava resolver o problema 33 vezes. Por que tanta diferença? Porque as pessoas que comeram rabanetes tinham esgotado seu músculo mental resistindo aos biscoitos, enquanto quem comeu biscoitos tinha o tanque de combustível psicológico cheio e, por isso, se esforçava mais para tentar resolver o problema.

Baumeister repetiu diversas variações desse estudo, e observou o mesmo resultado todas as vezes. Os participantes que eram induzidos a forçar seu músculo mental — seja para resistir a uma tentação, resolver um quebra-cabeças difícil ou tomar decisões difíceis — tinham desempenho pior em uma tarefa subsequente que também exigia energia mental, em comparação a participantes de um grupo de controle que tinha uma primeira tarefa fácil, como comer biscoitos frescos.

## RESISTIR A BISCOITOS É UM JOGO PERIGOSO

Parece que temos um único reservatório de energia cerebral para todos os atos cognitivos e de autocontrole, mesmo que não tenham relação entre si. Quando se pede às pessoas para reprimir suas emoções sob pressão — por exemplo, não demonstrar frustração ou tristeza ao assistir a um filme trágico —, elas subsequentemente têm dificuldade em diversas tarefas não relacionadas, como resistir a alimentos tentadores ou guardar informações na memória de trabalho. O fenômeno não para por aí. Até mesmo desafios físicos (por exemplo, realizar o *wall sit* [sentar-se encostando contra a parede]) podem ser prejudicados quando esforçamos

*Temos um único reservatório de energia cerebral para todos os atos cognitivos e de autocontrole, mesmo que não tenham relação entre si.*

nosso músculo mental anteriormente. Pesquisas mostram que mesmo que o corpo esteja descansado, o desempenho físico de pessoas mentalmente fadigadas é prejudicado. Ou seja, os limites entre fadiga mental e física não são tão definidos quanto pensávamos.

Em um estudo de nome inteligente, "Hungry for Love: The influence of self-regulation on infidelity" [Fome de Amor: A influência da autorregulação sobre a infidelidade, em tradução livre], 32 estudantes universitários em relacionamentos exclusivos interagiam por sala de bate-papo com um interessado (isto é, um pesquisador incentivando) do sexo oposto. Antes da conversa, metade dos participantes do estudo era forçada a resistir a alimentos tentadores, enquanto a outra metade podia comer à vontade. Como se poderia esperar, quem era forçado a resistir aos alimentos tentadores tinha maior tendência a passar o número de telefone ou até mesmo aceitar um encontro com o interessado. Os autores do estudo concluíram: "O autocontrole enfraquecido pode ser uma causa potencial para os níveis de infidelidade que ocorrem nos relacionamentos românticos atuais." Talvez seja melhor pensar duas vezes antes de incentivar o seu amor a fazer uma dieta. (Mas você provavelmente já sabia disso.)

## UMA OLHADA NO SEU CÉREBRO CANSADO

Recentemente, pesquisadores começaram a estudar a noção de um músculo mental com tecnologias de imagem, em vez de biscoitos e rabanetes. Suas descobertas são muito intrigantes. Colocaram pessoas com músculos mentais esgotados em uma máquina de ressonância magnética funcional (tecnologia que permite aos pesquisadores ver a atividade interna do cérebro) e descobriram que o cérebro de pessoas cansadas age de forma peculiar. Quando lhes mostravam uma imagem tentadora, como um sanduíche suculento, ou pediam para resolverem um problema difícil, a atividade nas partes do cérebro associadas à resposta emocional (amígdala e córtex orbitofrontal) superava a atividade na parte do cérebro responsável pelo pensamento profundo e racional (córtex pré-frontal). Outros experimentos mostram que, após uma pessoa ser forçada a exercer o autocontrole, a atividade no córtex pré-frontal diminui de forma geral. Não é de se surpreender que, quando estamos mentalmente exaustos, temos dificuldade com problemas complexos e autocontrole, trocando-os por desenhos animados e biscoitos.

> ## Práticas de Desempenho
>
> - Lembre-se de que "estresse é estresse": a fadiga em uma tarefa é passada para a próxima, mesmo que elas não sejam relacionadas.
> - Encare apenas alguns desafios de cada vez. Caso contrário, você literalmente ficará sem energia.
> - Ajuste seu ambiente para apoiar seus objetivos. Isso, em específico, é importante em momentos que você sabe que estará esgotado. É incrível o quanto o ambiente afeta nosso comportamento, especialmente quando estamos fatigados.

Assim como, após levantar pesos até o ponto da fadiga, nossos braços não funcionam muito bem, após usar a mente até o ponto da fadiga — seja resistindo à tentação, tomando decisões difíceis ou lidando com tarefas cognitivas desafiadoras — ela também não funcionará muito bem. Essa fadiga pode fazer com que comamos biscoitos, desistamos prematuramente de resolver um problema intelectual difícil ou de desafios físicos. No pior dos casos, poderíamos até trair o amor das nossas vidas.

A boa notícia é que, assim como o corpo, ao estressar a mente e permitir que ela se recupere, ela também fica mais forte. Cientistas descobriram que, quanto mais resistimos à tentação, pensamos profundamente ou nos concentramos com intensidade, melhores ficamos em fazer isso. Uma nova linha de pesquisa afirma que a força de vontade, em particular, não é tão limitada quanto os cientistas pensavam e sugere que, ao concluir com sucesso pequenas mudanças produtivas, podemos acumular força para concluir outras maiores no futuro. Seja como for, seja pelo resultado da força de vontade, da exaustão do ego ou outro mecanismo, não podemos usar nossa mente de forma contínua (pelo menos não com eficiência) sem sentir fadiga em determinado momento. E não podemos encarar desafios psicológicos maiores sem construir nossa força primeiro com desafios menores. Tudo isso nos leva de volta ao começo: estresse + descanso = crescimento.

## O RITMO DO ESTRESSE E DO DESCANSO

Nos próximos quatro capítulos, exploraremos mais detalhadamente cada componente (estresse e descanso) da equação do crescimento. Você aprenderá as melhores formas de estressar e descansar tanto os músculos físicos quanto psicológicos, para poder otimizar seu desempenho ao longo do dia, do mês, do ano e da vida. Mas, antes de chegarmos lá, para reforçar a verdade universal sobre o poder de alternar ciclos de estresse e descanso, contaremos a incrível história de alguém que usou a técnica para atingir o auge de sua mente e *também* de seu corpo.

Josh Waitzkin descobriu o xadrez no Washington Square Park de Nova York quando tinha 6 anos. Ele fora ao parque com a intenção de brincar no balanço, mas ao chegar foi cativado pelos jogos rápidos de xadrez que os adultos jogavam pelo caminho. O tabuleiro quadriculado e as peças que se moviam sobre ele eram um mundo em miniatura que Waitzkin logo adentraria e viria a dominar, um dia.

Seu domínio do xadrez não aconteceu de um dia para o outro, mas foi quase. Embora no início o jovem rapaz fosse apenas um novato para os frequentadores mais velhos, demorou pouco para que começasse a ganhar deles. Aos 8 anos, Waitzkin era uma força dominante, derrotando regularmente jogadores com 5 vezes a sua idade. Qualquer um que visse o show de Josh Waitzkin podia perceber seu talento e sua paixão pelo jogo. Os boatos correram e não demorou para que alguns dos grandes mestres do xadrez fizessem fila para serem seus técnicos e mentores.

Dos 9 anos em diante, Waitzkin tomou de assalto a cena de xadrez infantil dos EUA, vencendo vários campeonatos nacionais. Aos 13 anos, tornou-se um Mestre Nacional, um dos enxadristas mais jovens a receber esse prestigiado título. Quando fez 16 anos, Waitzkin havia se tornado um Mestre Internacional. No mesmo ano, foi coroado cocampeão júnior dos EUA, um feito particularmente impressionante porque a divisão inclui jogadores de até 21 anos. No ano seguinte, venceu sozinho o mesmo campeonato.

Na mesma época, a Paramount Pictures lançou o sucesso *Lances Inocentes*, que contava a história da ascensão de Waitzkin ao topo do xadrez. O filme mostra o que acontece quando um grande talento se combina a uma grande paixão e muito trabalho com afinco e bem pensado. Foi bom que Waitzkin não estivesse *muito* determinado a brincar no balanço do Washington Square Park, ou não teria se tornado uma superestrela internacional por suas conquistas no xadrez.

Porém, alguns anos depois, quando estava com 20 e poucos anos, como acontece com tantos outros jovens, os interesses de Waitzkin mudaram. Apaixonou-se pela meditação e pela filosofia oriental. Seus novos interesses levaram-no à arte marcial chinesa do tai chi. Embora tivesse sido atraído ao esporte e mergulhado nele por vontade própria, também ficou feliz em estar longe dos holofotes que acompanhavam seu estrelato no xadrez. Essa folga não duraria muito.

Assim como no xadrez, não demorou para que Waitzkin chegasse até o topo do mundo das artes marciais. Pela segunda vez na vida, correram os boatos sobre um jovem com grande talento e paixão. Ele atraiu o interesse e eventualmente o apoio e mentoria dos melhores mestres de tai chi do mundo. Venceu vários campeonatos nacionais em seus primeiros anos no esporte. Antes de chegar aos 30, Waitzkin era campeão mundial em empurrar as mãos com passo fixo e empurrar as mãos com passo em movimento, as principais formas competitivas do tai chi.

Sem dúvidas, Waitzkin tinha um talento natural; seria besteira ignorar o papel da genética em suas conquistas. Mas é difícil acreditar que ele simplesmente tenha o melhor DNA para *tudo*. Como descreveu em seu fantástico livro, A *Arte de Aprender*, foi como ele cultivou esse talento e seu ímpeto competitivo — como nutriu sua natureza — que o levou até o topo de dois domínios aparentemente distintos. Waitzkin atribui muito do seu sucesso no xadrez e no tai chi à alternância entre estresse e descanso:

> *Houve mais de uma ocasião em que me afastei do tabuleiro, após 4 ou 5 horas de um jogo tenso de xadrez, e saí do salão de jogos para correr 45m ou 6 lances de escadas. Então eu voltava, lavava o rosto, e estava completamente renovado. Até hoje, praticamente todo elemento do meu treinamento físico também gira ao redor de uma forma ou outra de estresse e recuperação... Se você tiver interesse em realmente melhorar seu desempenho, sugiro que incorpore o ritmo do estresse e da recuperação em todos os aspectos da sua vida.*

# 2

# REPENSANDO O ESTRESSE

Em 1934, no departamento de bioquímica da Universidade McGill, um endocrinologista e professor adjunto de 28 anos estava tentando descobrir um novo hormônio. Seu nome era Hans Selye e ele tinha tudo para acreditar que estava fazendo progresso. Quando injetou extrato ovariano em ratos, esperando causar mudanças que só poderiam ser explicadas por um hormônio sexual ainda não descoberto, os ratos tiveram uma resposta fisiológica única. Seus córtex adrenais ficaram maiores e seus sistemas imunológicos foram ativados. Quanto mais extrato injetava, maior a resposta. Selye tinha certeza que um novo hormônio sexual ativou essas mudanças fisiológicas. Estava em êxtase. "Aos 28 anos de idade, eu já parecia estar no rastro de um novo hormônio", escreveu em seu diário.

Infelizmente para Selye, seu entusiasmo morreu quando observou a mesma resposta após injetar nos ratos fluidos completamente diferentes, que não tinham nada a ver com o sistema reprodutivo. Até mesmo uma simples solução salina ativava a mesma resposta. Seu êxtase virou decepção: "Todos os meus sonhos de descobrir um novo hormônio foram destruídos. Todo o tempo e os materiais dedicados a esse longo estudo foram um desperdício. Fiquei tão deprimido que não consegui trabalhar por alguns dias. Só ficava sentado no laboratório, aborrecido." Embora não soubesse disso na época, o aborrecimento persistente de Selye viria a se tornar uma bênção disfarçada.

Ao continuar ruminando sobre seus experimentos, ocorreu-lhe a ideia de que talvez devesse avaliar o que havia observado de um ângulo totalmente diferente: talvez o líquido na injeção não estivesse causando a resposta. Talvez a causa fosse o próprio trauma da injeção. Com essa ideia em mente, Selye logo saiu do impasse e passou a traumatizar ratos sistematicamente. Injetava-os, eletrocutava-os, operava neles e muito mais. Com cada novo ato de trauma, observou a mesma resposta: os sistemas adrenal e imunológico dos ratos eram ativados. Os ratos não estavam se preparando para o sexo. Estavam se preparando para lutar.

Mesmo que os sonhos de Selye de descobrir um novo hormônio tivessem sido destruídos, seu prêmio de consolação foi grande. Sem saber, ele descobriu um conceito que viria a ser uma das maiores preocupações da sociedade moderna: o estresse. Ao fazer algo — qualquer coisa, na verdade — que chocasse ou causasse dor e desconforto nos ratos, ele podia ativar uma resposta inata de estresse que hoje sabemos estar presente em praticamente todo organismo vivo.

## A DOSE DETERMINA O VENENO

Selye e os pesquisadores que vieram depois dele começaram a estressar humanos e observaram o mesmo fenômeno que viram nos ratos. Mas também notaram algo a mais. Com o tempo, humanos e ratos começavam a se adaptar a cada estressante específico, aumentando sua resistência. Alguns estressantes podiam até mesmo ter efeitos desejáveis, fortalecendo a parte específica do corpo que estava sob estresse. Descobriram que o estresse não é apenas danoso; também pode servir como estímulo para o crescimento e a adaptação.

Hoje sabemos que nossa resposta adaptável ao estresse tem sua raiz em moléculas chamadas de proteínas inflamatórias e um hormônio chamado cortisol. As proteínas inflamatórias e o cortisol são ativados pelo estresse e servem como mensageiros biológicos, dizendo ao corpo: "Não temos força sufi-

*O estresse não é apenas danoso; também pode servir como estímulo para o crescimento e a adaptação.*

ciente para resistir a esse ataque!" Como resultado, o corpo prepara um exército de elementos bioquímicos e os direciona para a área sob estresse, tornando o corpo mais forte e resistente. Essa é a maneira incrível e pré-programada do corpo de se preparar melhor para enfrentar futuras ameaças.

Como já mencionamos, fortalecer um músculo como o bíceps é um ótimo exemplo de como o estresse funciona de forma positiva. Levantar um peso até o ponto da exaustão causa microrrompimentos no tecido muscular e ativa a resposta de estresse. O corpo percebe que no momento não é forte o bastante para tolerar o estresse que está sofrendo. Consequentemente, quando paramos de levantar o peso, o corpo entra no chamado estado anabólico, em que o músculo é fortalecido para poder resistir a mais estresse no futuro. O mesmo processo ocorre após qualquer esforço físico elevado — de levantar pesos a corridas, remo ou uma sessão desafiadora de CrossFit.

Porém, se a quantidade de estresse for grande ou duradoura demais, o corpo não consegue se adaptar. Na verdade, faz o contrário de ficar mais forte: ele se deteriora. Selye chama isso de "estágio da exaustão". Hoje, muitos chamam esse estágio de "estresse crônico". O corpo se rebela e entra no chamado processo catabólico, um estado de pane persistente. Em vez de enviar um sinal para reparos e diminuir, a elevação na inflamação e no cortisol chega a níveis tóxicos. O sistema adrenal, constantemente alerta, fica sobrecarregado e fatigado. É por isso que não é uma surpresa que o estresse crônico contribua com uma série de problemas de saúde; o corpo só é capaz de resistir a determinada tensão antes de entrar em colapso.

Combinando tudo isso, temos um paradoxo. O estresse pode ser positivo, ativando adaptações desejáveis no corpo; ou pode ser negativo, causando graves danos. Os efeitos do estresse dependem quase totalmente da dosagem. E quando aplicado na dose certa, o estresse faz mais do que estimular adaptações fisiológicas. Também estimula mudanças psicológicas.

*Os efeitos do estresse dependem quase totalmente da dosagem.*

## A HABILIDADE VEM DA DIFICULDADE

Ao refletir sobre seu desenvolvimento rumo ao desempenho de elite, Josh Waitzkin, o prodígio do xadrez que se tornou campeão mundial de artes marciais descrito no fim do Capítulo 1, teve uma percepção interessante: o crescimento vem do ponto de resistência; aprendemos quando vamos até o limite de nossas habilidades.

Embora pareça que Waitzkin esteja falando de um cansativo treino de artes marciais, esse não é o caso. Ele está falando do seu processo para dominar o xadrez. Muito antes de saber o que era tai chi, em seus treinos de xadrez Waitzkin estressava *sua mente* até o ponto da exaustão completa. Embora existam inúmeros livros que tratam da aplicação de treinamento atlético para fins não atléticos, Waitzkin fez o contrário. Adotou a filosofia de treinamento que fez dele campeão mundial de xadrez e a utilizou para se tornar campeão mundial de artes marciais. Mesmo quando treinava apenas sua mente, estudando meticulosamente os padrões do xadrez e sua estrutura profunda, ele precisava estressar a si mesmo. Para incentivar o crescimento, tinha que chegar até o ponto de resistência. Embora essa sua percepção tenha acontecido há 20 anos, dados científicos recentes sobre aprendizagem estão começando a descobrir por que esse método funciona.

As frustrações dos professores de uma escola pública na cidade de Oakland, Michigan, são parecidas com as que ocorrem por todos os EUA: turmas lotadas, distrações com dispositivos digitais e, é claro, falta de recursos. Mas, acima de tudo, os professores estão frustrados com a "Base Comum"— um currículo nacional padronizado que foram forçados a seguir. Mesmo que a Base Comum tenha boas intenções (pretende garantir uma linha de base nacional para a educação em cada ano), seu resultado em Oakland não tem sido bom. Em uma visita recente, ouvimos o seguinte:[*]

- "Entendo a posição [do governo federal] de querer alguns padrões na educação, mas o resultado é uma abordagem engessada do en-

---

[*] O ano e a disciplina foram alteradas para proteger a identidade dos professores.

sino. Ela nos força a ensinar com base no currículo em vez de ensinar com base nos alunos." (Professor de ciências do 2º ano do ensino médio)
- "Ela elimina a criatividade da sala de aula, pois nos obriga a ensinar visando determinados testes." (Professor de inglês do 9º ano do ensino fundamental)
- "É horrível. Ela nos força a dar tudo mastigado. É especialmente ruim para os alunos mais inteligentes, pois não temos liberdade para exigir mais deles. Todo o ensino fica quadrado." (Professor de economia do 1º ano do ensino médio)

Essas reclamações têm mérito. Treinar fatos específicos e mensuráveis como preparação para testes rígidos e padronizados não promove o aprendizado. Pelo contrário, a ciência mostra que o aprendizado exige uma exploração livre, que permita aos alunos tentar ir além de seus limites individuais. Em uma série de estudos envolvendo turmas de matemática do ensino fundamental e médio, alunos que foram forçados a encarar problemas complexos antes de receber ajuda dos professores tinham desempenho melhor do que os que receberam ajuda imediata. Os autores desses estudos resumiram suas conclusões com uma frase simples, mas elegante: a habilidade vem da dificuldade.

Outro estudo, "Why Do Only Some Events Cause Learning During Human Tutoring?" [Por que Apenas Alguns Eventos Causam Aprendizado Durante o Ensino Humano?, em tradução livre], descobriu que a resposta era simples: porque a maioria dos professores surge com respostas e apoio cedo demais. Ao estudar vários sistemas de tutoria de física universitária, os pesquisadores descobriram que "independentemente das explicações oferecidas, quando os alunos não estavam em um impasse, o aprendizado era incomum". Por outro lado, os sistemas de tutoria mais eficazes tinham algo em comum: evitavam a instrução até que os alunos estivessem a ponto de falhar. O crescimento vem do ponto de resistência. A habilidade vem da dificuldade.

*O crescimento vem do ponto de resistência. A habilidade vem da dificuldade.*

O mesmo é verdade no atletismo. Seja um corredor tentando ficar mais rápido, um jogador de basquete treinando um novo movimento ou um surfista tentando dominar uma onda desafiadora, os maiores ganhos costumam vir depois de muita dificuldade e desconforto.

Nic Lamb é um dos melhores surfistas do mundo. Ele surfa ondas com alturas de prédios de quatro andares. Embora seu desempenho na água pareça mágica, ele se baseia em uma abordagem meticulosa de treinos e de uma mentalidade blindada que cultiva todos os dias. Quando Brad o entrevistou para a revista *Outside*, ele tinha interesse especial em saber como Lamb se preparava para encarar as ondas mais fortes. Seu segredo é se colocar em desconforto. "Durante os treinos, procuro e tento surfar ondas que me deem medo", disse. "Você só cresce quando sai da sua zona de conforto. Ficar desconfortável é o caminho para o desenvolvimento pessoal e o crescimento. É o oposto da complacência."

Lamb abraça os desafios e enxerga as falhas não como um revés, mas uma oportunidade de crescer. "Se eu nunca forçasse a barra, se nunca tivesse dificuldade, nunca melhoraria", disse. Na verdade, os momentos em que Lamb encara desafios supremos ou não dá conta deles são os mais valiosos. Eles revelam pontos fracos, físicos e psicológicos, e mostram as áreas em que ele pode melhorar. Envolvem plenamente seu cérebro e seu corpo para tentar descobrir qual é o problema. E aumentam o nível do que Lamb considera possível.

O que Waitzkin, os alunos que aprendem com sucesso e Lamb praticam é conhecido como "falha produtiva". Existe um amplo consenso científico de que o aprendizado mais profundo ocorre quando sofremos esse tipo de falha. Em vez de simplesmente responder a uma pergunta específica, é vantajoso ser desafiado e até mesmo falhar. As falhas oferecem uma oportunidade de analisar um problema a partir de ângulos diferentes, forçando-nos a entender sua estrutura subjacente e refinar a habilidade transferível de resolver problemas. É claro que uma assistência imediata pode ser satisfatória. Mas quando sucumbimos ao impulso da resolução instantânea, perdemos um tipo especial de aprendizado profundo que apenas um desafio pode proporcionar.

## APRENDIZADO DO SISTEMA 2

O Dr. Daniel Kahneman, psicólogo e vencedor do Nobel, afirma que a mente humana é dividida em dois tipos de pensamento: Sistema 1 e Sistema 2. O Sistema 1 funciona de forma automática e ágil. Costuma ser guiado pelo instinto e a intuição. Por outro lado, o Sistema 2 é mais reflexivo e analítico e voltado a atividades de esforço mental. O Sistema 1 é nosso modo padrão de pensamento, pois exige menos energia. Quando estamos no piloto automático, o Sistema 1 está trabalhando e nosso atual modelo mental de mundo é dominante. É apenas quando ativamos o Sistema 2, realmente trabalhando e lutando para entender algo, que temos as melhores chances de examinar novas informações de forma crítica e integrá-las em nossa rede de conhecimento. O verdadeiro aprendizado exige o Sistema 2.

Para entender por que aprender com o Sistema 2 é tão desafiador, temos que olhar bem no fundo do cérebro. Nossa rede de conhecimento é composta de neurônios, que são ligados por axônios, que funcionam como fios elétricos dentro do cérebro. Quando aprendemos algo novo, a atividade elétrica passa pelos neurônios ao longo dos axônios. Primeiro, as conexões são fracas (figurativa e literalmente) e temos dificuldade com a nova habilidade, seja ela o uso correto da gramática ou o uso da mão não dominante na quadra de basquete. Se desistirmos e optarmos por não lutar, o Sistema 1 assume o controle. Retornamos às conexões já fortalecidas dentro do cérebro e continuamos usando adjetivos no lugar de advérbios ou driblando com a mão direita em vez da esquerda. Mas, se suportarmos a dificuldade e continuarmos praticando a nova habilidade, as conexões entre os neurônios são fortalecidas. Isso ocorre em parte devido a uma substância chamada de mielina. Ela é a versão cerebral do isolamento, revestindo nossos axônios. Quanto mais trabalhamos algo, mais mielina é gerada, permitindo que a atividade elétrica se desloque com maior fluidez entre os neurônios. Ou seja, as

*Assim como o esforço para completar a última repetição na academia é um ótimo método para desenvolver o corpo, o esforço até o ponto de falha, para então receber ajuda, é uma ótima receita para desenvolver a mente.*

conexões dentro do cérebro se fortalecem. Com o tempo, o que era difícil se torna instintivo. Se persistirmos em aprender algo por tempo suficiente, o que uma vez era um grande desafio para o Sistema 2 se torna uma simples tarefa para o Sistema 1. Basta perguntar a qualquer pessoa que tenha aprendido a driblar com a mão não dominante. Ou pergunte-se: quanto é 3 + 2? E 6 × 4?

Agora relembre. Responder a essas perguntas nem sempre foi fácil.

Isso não significa que dificuldades sem propósito promovam o aprendizado, mas significa que o melhor aprendizado ocorre quando temos que lutar por ele. Assim como o esforço para completar a última repetição na academia é um ótimo método para desenvolver o corpo, o esforço até o ponto de falha, para então receber ajuda, é uma ótima receita para desenvolver a mente. Se quiser melhorar de forma contínua, seja no que for, você precisa encarar o estresse como algo positivo e até mesmo desejável. Embora o estresse excessivo ou incessante possa ser perigoso, a quantidade certa serve como um estímulo poderoso para o crescimento.

## Práticas de Desempenho

- O estresse estimula o crescimento.
- Como diz o prodígio do xadrez que virou campeão de artes marciais, Josh Waitzkin: "O crescimento vem do ponto de resistência."
- Desenvolver uma nova habilidade exige esforço: a habilidade vem da dificuldade.
- Quando você tem dificuldade, o Sistema 2 é ativado e o verdadeiro desenvolvimento acontece; a mielina é acumulada e as conexões neurais são fortalecidas.
- Falhe de forma produtiva: busque ajuda apenas depois de passar por dificuldades.

## DESAFIOS QUASE IMPOSSÍVEIS

Quando o Dr. Mihaly Csikszentmihalyi, psicólogo, estava estudando como as pessoas de melhor desempenho "entram na zona" e melhoram de forma contínua, percebeu que eles iam regularmente até seus limites e talvez até um pouco além. Em uma tentativa de transformar a famosa "zona" em algo menos confuso, Csikszentmihalyi desenvolveu uma ferramenta conceitual elegante.

A ferramenta de Csikszentmihalyi ajuda não apenas a descobrir como entrar na zona, mas também é uma ótima maneira de estabelecer a quantidade ideal de estresse para o crescimento. O melhor tipo de estresse, que gostamos de chamar de "desafios quase impossíveis", fica no canto superior direito da seção "fluxo".

Desafios quase impossíveis surgem quando enfrentamos algo que faz com que nos sintamos um pouco fora do controle, mas não com muita ansiedade ou agitação.* Quando a tarefa a cumprir está um pouco além da nossa habilidade, estamos no ponto ideal. Qualquer desafio menor e pensaríamos: "Isso eu tiro de letra." Seria fácil demais e pouco estressante a fim de servir como estímulo para o crescimento. Porém, qualquer desafio maior e o sentimento inquietante do coração na boca dificultariam a concentração. Estamos em busca do ponto ideal: quando o desafio à frente está no limite das nossas habilidades atuais ou um pouco além.

*Estamos em busca do ponto ideal: quando o desafio à frente está no limite das nossas habilidades atuais ou um pouco além.*

Os exercícios que Steve elabora para seus corredores fundistas de ponta, como Sara Hall, são ótimos exemplos de desafios quase impossíveis. Antes de terminar quase no topo da tabela no Campeonato Mundial de Meia Maratona de 2016, Hall completou uma corrida de 15 milhas com um ritmo impressionante de 5:30 por milha, uma pequena melhora além do que ela já havia marcado. Esses exercícios são elaborados para expandir os limites, forçando os corredores a superarem suas habilidades atuais. Como resultado, não é incomum que os atletas de Steve cheguem um pouco nervosos no treino. Alguns até se perguntam se serão capazes de completar o exercício.

*Um pouco de dúvida e incerteza é, na verdade, algo bom: indica que surgiu uma oportunidade de crescimento.*

Embora psicólogos esportivos sem experiência direta possam dizer que esse tipo de dúvida e incerteza é um ponto negativo, Steve tem uma opinião diferente. Um pouco de dúvida e incerteza é, na verdade, algo bom: indica que surgiu uma oportunidade de crescimento.

Aquela voz na nossa cabeça que diz "não vou conseguir fazer isso" é, na verdade, um sinal de que estamos no caminho certo. É a mente tentando nos levar de volta ao caminho familiar que representa nossa zona

---

* Brad ouviu o termo "desafio quase impossível" pela primeira vez de seu professor da graduação, o Dr. Richard Price, na Universidade de Michigan.

de conforto. Desafios quase impossíveis servem para sair do caminho conhecido e percorrer outro, um pouco mais desafiador.

Esse conceito se aplica a quase tudo, seja um exercício físico, uma performance musical ou um projeto profissional. Essa é a beleza do diagrama de Csikszentmihalyi. Podemos colocar qualquer atividade nele. Ao fazer isso, é importante levar em conta vários fatores de contexto que podem tornar uma atividade mais ou menos desafiadora em determinado momento.

Os fatores externos podem incluir:

- Clima
- Tamanho do público (ou impacto do resultado)
- Prêmio monetário
- Prazos
- As pessoas com quem você precisa trabalhar (projetos em grupo/equipe)

Os fatores internos podem incluir:

- Outros estressantes na sua vida, no momento
- Seu interesse pessoal e motivação na atividade
- Sua saúde física e mental

Considere as atividades que você realiza em um dia normal. Onde elas estão no diagrama de Csikszentmihalyi? Você está buscando o crescimento de forma saudável e sustentável? Não estamos sugerindo que passe *todo* o seu tempo mergulhando em desafios quase impossíveis. Isso provavelmente não seria muito prático. Além disso, ainda é preciso se recuperar entre os picos de estresse para que o esforço seja vantajoso. Estamos sugerindo que, para as habilidades que deseja desenvolver — seja um modelo financeiro, a pintura de retratos, corridas de resistência ou qualquer outra coisa —, você deve buscar desafios quase impossíveis com regularidade: atividades que o tirem da zona de conforto e obriguem a ir até o ponto de resistência para obter crescimento.

NESTE CAPÍTULO, exploramos as vantagens do estresse, examinamos por que as habilidades vêm da dificuldade e aprendemos que tipos de atividades entram na categoria de estresse bom e que promove crescimento — que chamamos de desafios quase impossíveis. A seguir, exploraremos a mecânica de como devemos lidar com eles e explicaremos por que muito do conhecimento convencional sobre trabalho "produtivo" erra o alvo.

## Práticas de Desempenho

- Pense em uma habilidade/capacidade que deseje desenvolver.
- Avalie sua competência atual em realizar essa habilidade/capacidade.
- Busque ativamente desafios que estejam um pouco além da sua competência.
- Aumente um pouco a dificuldade do próximo desafio, se achar que está totalmente no controle.
- Pegue um pouco mais leve, se sentir ansiedade ou agitação a ponto de perder o foco.

# 3
# ESTRESSE-SE

No início dos anos 1990, o Dr. K. Anders Ericsson, cientista comportamental, decidiu investigar como as pessoas se tornam especialistas. Na época, acreditava-se que a experiência era a chave. Ou seja, quanto mais tempo alguém passava praticando algo, melhor era seu desempenho ao realizar aquela tarefa. Eventualmente, Ericsson ponderou, um acúmulo de experiência — talvez com um pouco de ajuda do DNA certo — culminaria na especialização. Porém, logo depois de iniciar seu projeto, uma história totalmente diferente surgiu.

Ericsson descobriu pesquisas obscuras que mostravam que professores de física da Universidade da Califórnia, Berkeley, não conseguiam superar com regularidade seus alunos em conjuntos de problemas introdutórios. Mas alguns desses professores pesquisavam e ensinavam física há décadas. Havia algo de errado.

Conforme Ericsson desenterrava estudos pouco conhecidos, encontrava resultados surpreendentes. A quantidade de anos de carreira de um psicólogo, por exemplo, não tinha correlação com seu sucesso no tratamento de pacientes. Outras pesquisas mostraram que vários médicos *pioravam* em seus diagnósticos a partir de radiografias conforme *ganhavam* mais experiência. Quanto mais tempo se passava desde seu treinamento formal, mais erros cometiam. Em todo campo estudado (da enologia a investimentos financeiros), quando o assunto era diferenciar os melhores desempenhos, a experiência não era a variável crítica. Em alguns casos, era quase impossível distinguir entre os desempenhos de novatos e de veteranos de longa data. Não importava o ângulo pelo qual examinasse, Ericsson constatou que experiência e especialidade não necessariamente caminham juntas.

Então, Ericsson se perguntou o que tornaria alguém um especialista, se não a experiência? Para descobrir, ele e uma equipe de pesquisadores viajaram a Berlim, na Alemanha, e conviveram com os violinistas da ilustre Global Music Academy. A academia tem uma reputação internacional no ensino de violinistas; vários dos melhores do mundo passaram por suas sagradas portas. Quando Ericsson e sua equipe chegaram, pediram aos violinistas para continuarem fazendo o que já faziam, com uma pequena exceção: anotando tudo. Ao fim de cada dia, os violinistas registravam como haviam passado cada um dos seus minutos. Após um período de 7 dias, Ericsson comparou os diários daqueles com melhores desempenhos — que os professores da academia julgavam bons o suficiente para terem carreiras como solistas internacionais — com o restante. Quase todos praticavam a mesma quantidade de tempo por semana: cerca de 50 horas. Ericsson não ficou nem um pouco surpreso. Um simples convite para a Global Music Academy exigia dedicação e trabalho imensos. Além disso, o fato de todos os violinistas praticarem a mesma quantidade de tempo apenas confirmava o que Ericsson já sabia — só a experiência não cria especialistas.

A seguir, os pesquisadores examinaram o que acontecia nessas 50 horas. Como todos praticavam? A resposta: de formas bem diferentes. Os melhores violinistas passavam um tempo significativamente maior concentrados no domínio de um objetivo específico e ficavam totalmente presentes ao fazer isso. Eliminavam todas as distrações. Raramente ou nunca faziam apenas o básico. Os melhores violinistas praticavam, na definição de Ericsson e sua equipe, de forma muito mais "cuidadosa" do que os outros.

*Não é a experiência que define os melhores desempenhos, mas a quantidade de prática cuidadosa realizada. A prática não leva à perfeição. A prática perfeita leva à perfeição.*

Ericsson e sua equipe de pesquisa realizaram estudos adicionais com atletas, artistas e intelectuais. Constataram o mesmo todas as vezes: não é a experiência que define os melhores desempenhos, mas a quantidade de prática cuidadosa realizada. Embora Ericsson tenha sido associado à regra de 10 mil horas popularizada por Malcolm Gladwell — a noção de que qualquer um pode se tornar um especialista em qualquer coisa após praticar por 10 mil horas — suas descobertas *reais* representam algo bem diferente. A especialidade não se trata de certo número de horas de prática, mas do tipo de trabalho realizado nelas. A prática não leva à perfeição. A prática perfeita leva à perfeição.

## PRÁTICA PERFEITA

Então, o que seria uma prática perfeita? Ericsson descobriu que as pessoas de melhor desempenho buscavam ativamente desafios quase impossíveis, definindo metas para as sessões de prática que superavam ligeiramente suas capacidades atuais. Mas essa é só metade da história. O que realmente diferencia a prática cuidadosa é a concentração profunda.

Para testar, os pesquisadores reuniram um grupo de cantores profissionais e amadores e os conectou a dispositivos que medem os indicadores fisiológicos do foco. Com os sensores posicionados, os cantores realizavam suas rotinas normais de prática. No final, cada cantor respondia a algumas perguntas para avaliar seu nível de conforto e foco. Observou-se um padrão claro. Tanto os dados fisiológicos quanto os dados da autoavaliação mostravam que, entre os cantores amadores, a sessão de prática liberava a tensão e era geralmente agradável. Por outro lado, os cantores profissionais demonstravam grandes aumentos na concentração durante a sessão de prática. Concentravam-se cuidadosamente em melhorar partes específicas da performance — mesmo que isso tornasse a sessão menos agradável. Os melhores cantores se esforçavam um pouco além de suas zonas de conforto e faziam isso de forma muito consciente. Mesmo que amadores e profissionais praticassem pela mesma quantidade de tempo, a forma como usavam esse tempo era muito diferente.

*Em termos gerais, quando pessoas de alto desempenho trabalham com seriedade, seus corpos e mentes estão 100% ali. Estão totalmente envolvidos no momento.*

Em termos gerais, quando pessoas de alto desempenho trabalham com seriedade, seus corpos e mentes estão 100% ali. Estão totalmente envolvidos no momento.

## TOTALMENTE PRESENTE

Um de nossos mentores é o Dr. Bob Kocher. Ele é a definição do homem renascentista. Sua instrução formal é em medicina. Ele obteve sua graduação na Universidade de Washington e seu diploma em medicina na Universidade George Washington. Embora não tenha frequentado uma universidade de ponta, como Harvard ou Yale, recebeu uma bolsa muito concorrida do Howard Hughes Medical Institute, que equivale a uma Bolsa Rhodes em medicina. Trabalhou como médico no Beth Israel Deaconess Medical Center, afiliado a Harvard, mas após alguns anos o Dr. Bob (como quase todos o chamam) percebeu que não poderia ajudar totalmente os pacientes doentes, pois estava trabalhando em um sistema doente. Foi uma decisão difícil e assustadora, mas ele fez a difícil escolha de abandonar a prática clínica em busca de oportunidades de melhorar o atendimento em saúde no nível sistêmico. E encontrou muitas.

Depois de pendurar o jaleco, o Dr. Bob teve vários papéis: sócio em uma grande empresa de consultoria, economista na área da saúde subordinado diretamente ao presidente dos Estados Unidos, pesquisador na Brookings Institution e professor na Universidade de Stanford, para citar apenas alguns. Atualmente, é sócio de uma das maiores empresas de capital de investimentos do Vale do Silício, onde investe milhões de dólares em startups com produtos e serviços que tenham o potencial de mudar o mundo da saúde. Suas opiniões sobre inovação e saúde foram publicadas no *New York Times* e em prestigiados periódicos acadêmicos. O Dr. Bob foi entrevistado como especialista para inúmeros livros best-sellers. Quando líderes nacionais, e até mesmo internacionais, são forçados a tomar decisões sobre saúde, costumam esperar até conversarem com ele. Resumindo: se existe uma pessoa de alto desempenho, é o Dr. Bob.

É claro que admiramos o Dr. Bob por todas essas conquistas e pelo trabalho árduo que elas representam. Mas também o admiramos porque ele usa um relógio digital de US$40; ou seja, não faz nada disso pelo dinheiro, nem é motivado pelo materialismo. Ele prioriza sua saúde física e se exercita por pelo menos uma hora todos os dias. Mais importante: é um marido incrível e pai de duas meninas, quase sempre está em casa na hora do jantar e está presente nas atividades extracurriculares. Então, quando encontramos o Dr. Bob em seu escritório em Palo Alto, o que mais queríamos descobrir era como ele conquistou tanto aparentemente mantendo o equilíbrio em sua vida? Ele respondeu nossa pergunta sem precisar dizer uma palavra.

No instante em que entramos na sala do Dr. Bob, estávamos na sala com o Dr. Bob. Não estávamos na sala com o e-mail do Dr. Bob, seu telefone ou com colegas interrompendo. Antes de nosso encontro, ele estava redigindo um artigo para uma publicação médica renomada e tomando decisões sobre o futuro de uma empresa. Mas também não levou essas questões para a sala. Éramos apenas nós três, discutindo este livro. A energia era palpável. Ele nos deu a mesma atenção que daria ao presidente dos Estados Unidos. O Dr. Bob estava totalmente presente. Estávamos presenciando seu segredo para o sucesso em tempo real.

Ao fazer uma coisa de cada vez e dedicando toda a sua concentração à atividade, o Dr. Bob consegue fazer muitas coisas bem — de escrever e influenciar políticas de saúde a investir em empresas e ser um bom marido e pai. Sua insistência em ser unitarefa garante que ele aprenda e cresça com cada documento que redige e cada interação em que se envolve. "Não que eu não consiga ser multitarefa", diz ele. "Mas quando sou, tudo piora. Então não faço isso. Nunca."

*Ao fazer uma coisa de cada vez e dedicando toda a sua concentração a ela, o Dr. Bob consegue fazer muitas coisas bem.*

Ele compartimentaliza seu dia de hora em hora. Cada compartimento tem um objetivo concreto. Os objetivos variam, por exemplo: escrever quinhentas palavras para um artigo, aprender sobre uma empresa para tomar uma decisão de investimento, ter uma conversa fluida com uma pessoa interessante, manter seu batimento cardíaco a 80% do máximo em um treino físico, influenciar um tomador de decisões em uma reunião política, aproveitar o jantar com a esposa e as crianças. Esse tipo de compartimentalização garante que ele siga sua regra básica: "Fazer uma coisa de cada vez." O segredo do Dr. Bob para fazer muito é fazer pouco. Ele é um verdadeiro homem unitarefa.

## UNITAREFAS

A história do Dr. Bob é inspiradora, mas será que sua estratégia funciona para todos? E se funcionar, por que tantas pessoas insistem em ser multitarefa?

Adoramos ser multitarefa porque, ao fazer várias coisas ao mesmo tempo, nos sentimos mais produtivos e sentimos maior satisfação emocional. Uma voz interna em nosso subconsciente diz: "Olhe só tudo o que estou realizando. Veja todos os itens que estou completando na minha lista." Em uma sociedade que recompensa a "otimização" e os "processos múltiplos", não conseguimos evitar o desejo de nos "otimizar". Infelizmente, nossas mentes não funcionam como computadores. Para 99% de nós,* ser eficazmente multitarefa não passa de um devaneio eficaz.

*Para 99% de nós, ser eficazmente multitarefa não passa de um devaneio eficaz.*

Mesmo em pessoas que afirmam ser ótimas em multitarefas, ressonâncias magnéticas funcionais do cérebro revelam que é impossível fazer duas coisas ao mesmo tempo com um nível alto de qualidade. Quando somos multitarefa, nossos cérebros alternam constantemente entre as atividades ou dividem para conquistar, alocando apenas parte de nossa capacidade cognitiva para uma ocupação específica. Como resultado, constatado por inúmeros estudos, a qualidade e, de forma irônica, até mesmo a quantidade do nosso trabalho piora quando somos multitarefa.

---

* Estudos mostram que pouco mais de 1% da população consegue ser eficazmente multitarefa. É improvável que você esteja nesses 1%. É assim que a probabilidade funciona.

Embora os custos da alternância pareçam triviais — às vezes, apenas décimos de segundo por troca —, eles se somam com o tempo, conforme alternamos repetidamente entre atividades. Pesquisadores na Universidade de Michigan observaram que multitarefas aparentemente inócuas podem canibalizar até 40% da produtividade. Embora possa parecer que estamos fazendo o dobro quando somos multitarefa, *na verdade* estamos fazendo algo próximo da metade.

Não é apenas nosso desempenho de curto prazo que piora com atividades mútuas. Outras pesquisas mostram que pessoas que são multitarefas "crônicas" são piores ao filtrar informações irrelevantes, mais lentas ao identificar padrões e têm memórias de longo prazo piores. Em outras palavras, ser multitarefa não piora apenas o trabalho que fazemos hoje, mas também o trabalho que faremos amanhã. Como os grandes violinistas de Ericsson e o homem renascentista, Dr. Bob, demonstram, abordar uma tarefa com foco individualizado é como evoluímos com o estresse.

---

### Práticas de Desempenho

Aplique os componentes da prática perfeita toda vez que iniciar um trabalho significativo:

- Defina um propósito e objetivos concretos para cada sessão de trabalho.
- Pergunte-se: o que eu quero aprender ou realizar?
- Concentre-se profundamente, mesmo que fazer isso não seja sempre agradável.
- Seja unitarefa: da próxima vez que quiser ser multitarefa, lembre-se de que as pesquisas mostram que isso não é eficaz. Tenha o segredo do Dr. Bob em mente: "Faça uma coisa de cada vez."
- Lembre-se de que qualidade é melhor do que quantidade.

---

Infelizmente, conhecer os perigos de ser multitarefa não significa que pararemos de fazer isso. As tecnologias que permitem e facilitam as multitarefas podem ser viciantes. Elas nos afastam do envolvimento total, diminuindo o potencial de estímulos de crescimento no que estivermos fazendo. (Basta imaginar se uma corredora fazendo um treino intervalado na pista parasse totalmente para verificar o telefone após cada notificação. Parar e recomeçar constantemente prejudicaria seu desempenho.) Mas, antes que possamos descobrir formas eficazes de escapar da atração dessas tecnologias, precisamos entender por que ficamos tão viciados nelas para início de conversa.

## VICIADOS EM NOSSOS SMARTPHONES

Se tivéssemos que apostar (falaremos mais sobre isso), apostaríamos que você ama seu celular. Não há nada de errado nisso. Também amamos nossos celulares. São dispositivos incríveis que permitem um nível de conectividade que ninguém nem sonhava há 15 anos. Na verdade, se não amássemos nossos celulares, você provavelmente não estaria lendo este livro agora. No começo de 2014, Brad estava rolando a tela do Twitter em uma calçada no centro de São Francisco e viu um tuíte intrigante de um tal de Steve Magness, que naquele momento estava em um café em Houston. Brad clicou no link do tuíte de Steve e ficou animado com o que leu. Enquanto lia, Brad ficou estarrecido, pensando: "Uau, parece que esse cara e eu estamos na mesma sintonia sobre muitas coisas." Brad leu mais alguns posts do blog de Steve e decidiu que precisava mandar um e-mail rápido para ele. Alguns minutos e rolagens de tela mais tarde, Steve, no seu celular e a dois fusos horários de distância, clicou em "responder". E foi assim que se formou uma conexão produtiva.

Não é preciso dizer que não estamos aqui para demonizar a tecnologia. Mas graças a histórias como a nossa e a um design inteligente, e também manipulador, por parte dos criadores de aplicativos, muitos de nós amamos tanto nossos smartphones que simplesmente não conseguimos resistir a eles. São tão viciantes que todos os dias centenas de pessoas arriscam e perdem suas vidas por causa deles. De acordo com os Centros de Controle e Prevenção de Doenças (CDC), mais de 9 pessoas morrem e mais de 1.150 são feridas *diariamente* em acidentes de automóveis envolvendo motoristas distraídos. Em uma pesquisa recente, 31% dos motoristas dos EUA entre 18 e 64 anos disseram que pelo menos uma vez nos últimos 30 dias eles haviam se envolvido no tipo mais perigoso de direção distraída que existe: mensagens de texto (ou tuítes, e-mails, Facebook etc.). Infelizmente, muitos acreditam que esses números sejam significativamente subestimados. Tenha um instante de honestidade. Nos últimos 30 dias, você conferiu seu telefone e/ou mandou mensagens enquanto dirigia? Se não fez isso, estava no carro com um motorista que fez? Se respondeu não às duas perguntas, isso é ótimo. Mas infelizmente você faz parte da minoria. Embora os perigos sejam bem conhecidos, a maioria de nós simplesmente não consegue resistir ao impulso de conferir o telefone.

Para descobrir por que isso acontece, vamos considerar outro vício que arruína vidas: jogos de azar. Quando um jogador espera pela próxima carta em uma mesa de blackjack ou puxa a alavanca de um caça-níqueis, ele recebe uma dose de um neuroquímico poderoso, a dopamina. A dopamina nos empolga e excita. Sob a influência da dopamina, nos sentimos acelerados e vivos. Ao contrário de outros neuroquímicos que são liberados quando conquistamos algo, a dopamina, muito mais potente, é liberada antes do resultado de um evento, quando estamos esperando ou desejando algo com intensidade. Isto é, não nos viciamos em vencer, mas em buscar a vitória.

A imprevisibilidade dos jogos — a sensação que temos quando esperamos o crupiê virar sua carta ou o caça-níqueis parar de girar — ativa uma superdose de dopamina. Isso porque situações incertas, quando existe apenas uma *chance* de vencer, são muito mais irresistíveis do que situações em que sabemos que vamos vencer sempre. Se não fosse o caso, as pessoas ficariam muito mais empolgadas em investir seu dinheiro em títulos do tesouro com rendimento garantido de 4% do que em caça-níqueis. Mas infelizmente o cérebro nos recompensa com mais dopamina pelo ato de buscar uma recompensa do que pelo ato de recebê-la.

Embora uma atração bioquímica por buscar a vitória não seja uma vantagem de sobrevivência nos cassinos modernos, há muito tempo ela era uma necessidade. Se não fosse nossa atração por recompensas imprevisíveis, não estaríamos aqui hoje. Nossos primeiros ancestrais precisavam de um motivo forte para suportar caçadas de vários dias sem garantia de sucesso. Então, evoluímos para desejar a busca.

A mesma tendência explica por que, milhares de anos depois, não conseguimos largar o telefone. Nossos telefones e seus aplicativos, projetados por especialistas sofisticados para nos atrair, funcionam como caça-níqueis. Quando rolamos a tela e esperamos nosso e-mail, aplicativo de mensagens, Twitter, Facebook, Instagram e todo o resto atualizar, a dopamina inunda nosso sistema. Em vez de uma fileira de cerejas ou setes, as recompensas potenciais que buscamos são novas curtidas, comentários ou mensagens. Embora a maioria de nós não seja premiada toda vez que conferimos o telefone, somos premiados o suficiente para continuar olhando. E como sempre existe a chance de que alguém em algum lugar tenha feito contato conosco, não conseguimos parar de usar nossos caça-níqueis sociais. Mesmo quando estamos na estrada. Isso não é um problema apenas na questão de dirigir com segurança. Também é um problema na questão do desempenho. Porque, como já discutimos, o trabalho mais eficaz — do tipo que leva à grandeza e ao crescimento — exige nosso foco total. Quando nos encontramos com o Dr. Bob, ele não olhou para o celular nenhuma vez. Nem pensou nele. O celular nem estava na sala.

## LONGE DOS OLHOS, LONGE DO CORAÇÃO

A defesa mais comum contra a distração dos smartphones é simples: coloque-o no modo silencioso e vire-o de tela para baixo sobre a mesa ou guarde-o em seu bolso. Infelizmente, isso não basta para permitir que você atinja o foco profundo necessário para o auge do desempenho. Dizer a uma pessoa que ela pode manter o celular ao alcance da mão mas não pode verificar as notificações é quase o mesmo que dizer a um viciado em drogas que ele pode manter uma seringa à vista, mas não pode usá-la. Nos dois casos, a sede de recompensa e o vício emocional e químico são avassaladores.

Resistir à tentação de conferir o telefone fica mais difícil, graças aos truques da nossa mente. Você já esteve com o celular desligado no bolso e mesmo assim sentiu uma vibração? Se já, não é um caso único. Um estudo recente da Universidade de Indiana–Universidade Purdue Fort Wayne descobriu que 89% dos universitários sofre de "síndrome da vibração fantasma". Cerca de uma vez a cada duas semanas, os universitários afirmaram sentir seu telefone vibrar quando isso não tinha acontecido. Embora soubessem que o celular estava desligado, seu desejo subconsciente por uma notificação manifestou-se como sensação física. Eles paravam o que estivessem fazendo para conferir o celular vibrando, que na verdade não estava.

Digamos que você conseguisse, de algum jeito, resistir à tentação de conferir o celular quando ele estiver por perto. Isso por si só exigiria muito esforço. Em vez de dedicar toda a sua energia cognitiva para o que está realmente tentando fazer, uma boa parte dela é usada para pensar em verificar o telefone, imaginar o que pode estar aguardando você e controlar o ímpeto de realmente conferir. Para um estudo publicado no *Journal of Social Psychology*, pesquisadores pediram a um grupo de universitários que completassem uma série de tarefas motoras difíceis com seus celulares visíveis. Como esperado, o desempenho foi significativamente pior do que um grupo de controle cujos celulares não estavam visíveis. As coisas ficaram ainda mais interessantes quando os aparelhos de todos os participantes foram removidos, mas o do líder do estudo continuou presente. Surpreendentemente, mesmo quando o telefone visível não era o deles, o desempenho dos participantes do estudo piorou.

Os smartphones nos distraem quando estão ligados, desligados, no bolso ou sobre a mesa, e comandam nossa atenção mesmo quando não são nossos. Embora dizer isso seja doloroso para nós (Brad e Steve), é provável que ler sobre smartphones pelos últimos minutos o tenha distraído do texto. Talvez essa discussão tenha até feito com que você colocasse a mão no bolso ou, pior ainda, conferisse o celular. A conclusão é que a melhor solução para evitar a distração dos smartphones é tirá-los totalmente de cena. Parece que a expressão "longe dos olhos, longe do coração" é muito verdadeira.

> *Os smartphones nos distraem quando estão ligados, desligados, no bolso ou sobre a mesa, e comandam nossa atenção mesmo quando não são nossos. A melhor solução para evitar a distração dos smartphones é tirá-los totalmente de cena.*

O Dr. Walter Mischel, da Universidade Columbia, é um especialista de renome mundial em força de vontade. Ele dedicou mais de trinta anos a explorar como e por que algumas pessoas conseguem resistir às tentações, e outras não. Em seus anos de pesquisa, com vários estudos envolvendo crianças e adultos, observou que um dos melhores métodos de autocontrole é tirar o objeto de desejo da linha de visão. (Ou, no caso de telefones que vibram, da "linha de sensação".) Suas conclusões explicam por que jogadores em recuperação são proibidos de chegar perto de cassinos e por que quem faz dieta é aconselhado a esconder os alimentos pouco saudáveis em locais de difícil acesso ou não tê-los em casa. A simples visão de um objeto desejável ativa a dopamina, que age como o diabinho sobre seu ombro, dizendo: "Tem certeza de que não quer só um pouquinho?"

Enquanto escrevia este capítulo, Brad começou a testar o "longe dos olhos, longe do coração" em várias situações de sua própria vida. Quer estivesse fazendo séries pesadas na esteira, levantando pesos ou escrevendo este livro, seu desempenho melhorou quando seu smartphone estava totalmente fora de cena. As medições reais e objetivas do desempenho de cada atividade — como watts gerados, quilos levantados e palavras escritas — aumentaram. Os dados objetivos sustentavam o que ele sentiu subjetivamente. Sem seu smartphone à vista, Brad logo esqueceu de sua existência. Sentiu como se tivesse 10% a 15% de esforço extra para dedicar a cada tarefa. Não ter a opção de ligar seu telefone e olhar para ele fez muito mais diferença do que tirar um pouco de peso do bolso. Parecia que ele havia tirado um peso enorme das costas.

## Práticas de Desempenho

- Identifique o que interrompe seu foco profundo. Invasores comuns, vários deles possibilitados por smartphones, são:

    √ Mensagens de texto         √ Internet
    √ Mídias sociais             √ Televisão

- Remova as distrações: lembre-se de que apenas longe dos olhos realmente conduz a longe do coração.

## BLOCOS DE ESTRESSE

Estressar-se é cansativo. Pessoas de ótimo desempenho entendem e respeitam que existe um limite de quanto estresse conseguem tolerar. Elas sabem que, se ultrapassarem esse limite, o estresse bom e produtivo pode se tornar danoso e tóxico.

Em seus anos de estudo de especialistas, Ericsson constatou que aqueles com melhores desempenhos em todas as áreas não conseguiam manter o trabalho intenso e a concentração profunda por mais de 2 horas. Exceto em situações raras, de curto prazo, quando esse limite é ultrapassado, nem o corpo nem a mente conseguem manter a carga de trabalho. Ericsson descobriu que as pessoas com melhor desempenho costumam trabalhar em blocos de 60 a 90 minutos separados por pausas curtas.

Embora o trabalho de Ericsson fosse voltado a criativos (por exemplo, artistas) e competidores (como enxadristas e atletas), novas pesquisas indicam que suas conclusões também são verdadeiras no ambiente profissional. Recentemente, uma empresa internacional de mídias sociais chamada Draugiem Group quis descobrir quais hábitos indicariam os profissionais de maior sucesso. Para isso, juntaram-se aos criadores do DeskTime, um aplicativo de controle do tempo sofisticado o bastante para distinguir quando os empregados estavam trabalhando ou não. O Draugiem Group constatou que seus profissionais de destaque seguiam uma rotina específica: passavam 52 minutos mergulhados no trabalho, antes de fazer uma pausa de 17 minutos.

Assim como o Draugiem Group, outras empresas manipularam e analisaram o trabalho de seus profissionais. Sem erro, independentemente do setor ou cargo, blocos de trabalho árduo seguidos por pausas curtas geravam o melhor desempenho. Os trabalhadores mais produtivos em uma processadora de carne faziam ciclos de 51 minutos trabalhando e 9 descansando. Trabalhadores agrícolas tinham o melhor desempenho fazendo ciclos de 90 minutos, com 75 minutos de trabalho e 15 de descanso. Outros estudos examinaram os hábitos de trabalhadores em cargos de alta demanda cognitiva e observaram que ciclos de 50 minutos de trabalho e 7 minutos de recuperação geravam os melhores resultados.

Embora a relação exata de trabalho e descanso dependa das demandas do cargo e de preferências individuais, o tema geral é claro: alternar entre blocos de cinquenta a noventa minutos de trabalho intenso e pausas de recuperação de sete a vinte minutos permite que as pessoas mantenham a energia física, cognitiva e emocional necessária para o auge do desempenho. Esse fluxo de altos e baixos contradiz a lógica desgastante comum de trabalhar perpetuamente em uma "zona intermediária" com esforço moderadamente alto ou de trabalhar na intensidade máxima sem parar. Nenhuma dessas abordagens tradicionais é ideal. A primeira leva a desempenhos baixos. A segunda leva à fadiga física, cognitiva e emocional e, eventualmente, ao burnout.

> *Alternar entre blocos de cinquenta a noventa minutos de trabalho intenso e pausas de recuperação de sete a vinte minutos permite que as pessoas mantenham a energia física, cognitiva e emocional necessária para o auge do desempenho.*

Uma empresa de coleta de dados que estava sofrendo com burnout de funcionários alocou pausas obrigatórias de cinco minutos a cada hora, além de duas pausas mais longas durante o dia. Embora tivessem "aberto mão" de cerca de uma hora de trabalho pago, a produção total por funcionário não mudou. O importante é que o desconforto e a fadiga ocular dos funcionários foi reduzido significativamente. Trabalhando com inteligência — ou seja, alternando entre blocos de trabalho árduo seguidos por pausas curtas — extraímos o máximo de nós mesmos e evitamos a fadiga e o burnout.

É interessante observar que, no mundo das corridas de ponta, isso não é novidade. Na década de 1930, quando o técnico alemão Woldemar Gerschler desenvolveu o treinamento intervalado, repetições intensas de corridas com pequenas pausas entre elas, o objetivo era simples: permitir que um corredor completasse o máximo possível de trabalho de qualidade antes que a fadiga comprometesse o desempenho. Quase um século depois, Steve e praticamente todos os outros técnicos de corrida ainda usam os intervalos para aumentar a quantidade de trabalho de qualidade que seus atletas conseguem executar. E embora tenha levado quase cem anos, é bom saber que empresas progressistas estão começando a perceber o valor dos intervalos fora das pistas.

Assim como leva tempo para um corredor desenvolver o preparo físico necessário para realizar intervalos de alta intensidade, pode levar tempo para que você se adapte aos blocos de trabalho sem distração. Isso é especialmente verdadeiro para pessoas acostumadas a ser multitarefa ou trabalhar com a distração dos dispositivos digitais. Se você perceber que tem dificuldade em manter a atenção total (por exemplo, por verificar as notificações do smartphone, abrir o e-mail no navegador ou deixar a mente vagar), comece com blocos pequenos de dez a quinze minutos e aumente gradualmente a duração toda semana. Assim como qualquer habilidade, o trabalho profundo é uma prática que precisa ser cultivada com o tempo.

---

### Práticas de Desempenho

- Divida seu trabalho em blocos de cinquenta a noventa minutos (pode variar com as tarefas). Comece com blocos menores ainda se sentir dificuldade em manter a atenção.
- Conforme desenvolver o "preparo" na sua atividade, certamente começará a trabalhar por mais tempo e com mais afinco.
- Para a maioria das atividades e situações, duas horas deve ser o limite máximo para os blocos de trabalho.

---

## O MINDSET É IMPORTANTE

Imagine que acabou de terminar um exercício físico pesado ao ar livre em um dia de verão extremamente quente. Alguém lhe oferece um milk-shake geladinho. Mesmo com fome e com calor, antes de aceitar, você poderia se perguntar: o que tem no milk-shake? Seria uma mistura saudável e pouco calórica de frutas e legumes, com leite de amêndoas e whey protein? Ou seria o oposto: uma bomba de calorias com sorvete de chocolate, leite integral e muito açúcar?

A ciência (e o senso comum) diz que nossos corpos reagiriam de forma diferente a essas duas bebidas. A bomba de calorias, inicialmente, nos deixaria mais saciados, porém, algumas horas depois, graças a todo o açúcar, desejaríamos mais doces. A versão saudável, por outro lado, nos refrescaria e energizaria, trazendo uma sensação de mais leveza, mas também nos deixaria um pouco menos satisfeitos do que se tivéssemos escolhido a outra opção. Talvez precisássemos fazer um lanche mais cedo.

Quando pesquisadores de Yale compararam como as pessoas respondiam aos dois milk-shakes que acabamos de descrever, confirmaram todas essas premissas. Os participantes do estudo que recebiam o milk-shake não saudável afirmavam sentir uma satisfação imediata maior, mas depois queriam mais doces. Também apresentavam uma queda maior na grelina. A grelina é o hormônio associado à fome, e sua queda dizia ao cérebro deles que "estavam cheios". Nada disso deve parecer surpreendente, pois não é — é exatamente o esperado. Com uma pequena exceção: o conteúdo dos milk-shakes dados aos dois grupos era exatamente o mesmo. A única coisa diferente era a descrição. Foi a mente dos participantes — e não o açúcar, a gordura, as frutas, os legumes ou a proteína — que controlou não apenas como eles se sentiam subjetivamente após beber os milk-shakes, mas também sua resposta hormonal profunda.

É fácil desconsiderar o impacto do "mindset" como um conceito popular da psicologia que pretende nos fazer sentir bem, mas com a ciência a história é outra. A lente pela qual observamos o mundo afeta tudo, do aprendizado à saúde, à longevidade e até a nossa resposta hormonal a milk-shakes "diferentes".

## COLOQUE SUA MENTE NO LUGAR CERTO

No final dos anos 1960, na Universidade Yale, uma jovem doutoranda chamada Carol Dweck estudava o desamparo em crianças. Particularmente, ela queria responder à pergunta: por que algumas crianças desistem quando enfrentam o fracasso, enquanto outras são motivadas por ele? A resposta, ela constatou, estava na cabeça delas.

As crianças que desistiam com facilidade também evitavam desafios e sentiam-se ameaçadas por pessoas diferentes delas. Costumavam considerar o aprendizado e o crescimento como algo fora do controle. Em suas mentes, as qualidades que determinavam o sucesso ou o fracasso eram fixas. Em linguagem adulta, as crianças acreditavam que eram sua habilidade e talento natos — seu código genético — que controlava o resultado de quase tudo na vida. Em seus conceitos, ou elas "eram capazes" ou não. Ou eram inteligentes, ou burras. As crianças que eram motivadas e mais aptas a confrontar os desafios, por outro lado, tinham um mindset completamente diferente. Sentiam que, com trabalho árduo, podiam fazer qualquer coisa. Não viam a habilidade como algo fixo, mas sim como algo que poderia ser melhorado com a prática e o tempo. Essas crianças tinham o que Dweck chamou de "mindset de crescimento".

Quando Dweck e seus colegas acompanharam o desempenho de um grupo de alunos do sétimo ano por dois anos, constataram que, apesar dos alunos terem partido da mesma linha de base mensurável, aqueles com mindset de crescimento progrediram muito mais rápido que seus colegas com mindsets fixos. Os alunos com mindset de crescimento estavam dispostos a se esforçar mais, buscavam desafios quase impossíveis e consideravam positivas as falhas produtivas. Em comparação, os alunos com mindset fixo evitavam os desafios e desistiam quando a situação apertava.

Pode parecer que o mindset que desenvolvemos está amplamente fora do nosso controle, resultante dos valores passados por nossos pais, cuidadores e talvez os primeiros professores da infância. Éramos recompensados pelo esforço e trabalho árduo (promovendo o mindset de crescimento)? Ou éramos recompensados apenas pelos resultados (promovendo o mindset fixo)? Além disso, pela própria natureza de um mindset fixo, quem o tem está fadado a ele? Ou existe uma forma de mudar a mente das pessoas?

Para descobrir, Dweck colocou alunos do sétimo ano com mindsets fixos em um curso de oito semanas focado em neuroplasticidade, a ciência de como o cérebro pode crescer. O currículo incluía estudos convincentes e histórias cativantes que trabalhavam em conjunto para mostrar aos alunos como suas mentes eram flexíveis. Funcionou. Ao final do curso, a grande maioria dos alunos que antes sentiam que suas habilidades eram fixas mudaram de opinião. O mais importante é que seu progresso na escola melhorou. De forma notável, ao mudarem seus mindsets, também mudaram sua trajetória acadêmica, indo do quase fracasso ao sucesso acadêmico.

O trabalho de Dweck provou que a forma como vemos o mundo tem um efeito profundo sobre o que fazemos nele. Se cultivarmos um mindset de crescimento e acreditarmos que as habilidades vêm da dificuldade, estaremos mais propensos a nos expor ao bom tipo de estresse que promove o crescimento. Mas o poder dos mindsets não termina aí. Na verdade, nosso mindset em relação ao estresse não determina apenas se iremos nos expor a ele, mas também qual será nossa resposta.

> A *forma como vemos o mundo tem um efeito profundo sobre o que fazemos nele.*

## RESPOSTA DE DESAFIO

Quando você ouve a palavra "estresse", o que vem à sua mente? Talvez tenha pensado em crescimento. Se não pensou, não se sinta mal. Mesmo que a primeira parte deste livro tenha destacado os atributos positivos do estresse, pode ser difícil superar vários anos ouvindo dizer que ele é tóxico. A cultura nos condicionou a minimizar o estresse e evitá-lo a qualquer custo. Para os momentos infelizes em que não conseguimos evitá-lo, aprendemos técnicas para "lidar" com ele ou estratégias para "superá-lo" e conseguir "minimizar o estrago". Até mesmo nós, Brad e Steve, no meio do processo de escrever um capítulo exaltando as virtudes do estresse, sentíamos uma reação instintiva de repulsa à palavra. Esse é um viés infeliz e custoso muito difícil de superar.

A Dra. Kelly McGonigal é uma psicóloga da saúde na Universidade Stanford. Por vários anos, como todos os psicólogos da saúde, ela trabalhou incansavelmente para ajudar as pessoas a evitarem o estresse. Sua opinião era: o estresse é ruim e seu trabalho era descobrir como as pessoas podiam minimizar seu impacto negativo. Mas então descobriu pesquisas que abalaram sua mente.

Um estudo de 2010 constatou que o pequeno grupo de norte-americanos que vê o estresse como um facilitador tem 43% menos probabilidade de morrer prematuramente do que aqueles que o veem como destrutivo. A explicação óbvia, é claro, é que as pessoas com uma opinião positiva do estresse desenvolveram esse mindset porque não o sentiam com frequência. Ou seja, se você nunca fica estressado, é óbvio que pode achar que o estresse não é tão ruim assim. Mas quando os pesquisadores compararam o número total de eventos estressantes que cada grupo vivenciou, ficaram chocados ao descobrir que o número era praticamente o mesmo. Os pesquisadores controlaram quase todas as variáveis, exceto o mindset, e continuaram observando diferenças significativas na mortalidade. Será que algo tão simples quanto a opinião de alguém sobre o estresse poderia realmente contribuir para vidas mais longas?

Essa pergunta fascinou McGonigal. Será que ela esteve mesmo errada por tantos anos? Sua busca pela resposta se transformou em O Lado Bom do Estresse, um livro que questionou a opinião geral sobre o estresse. Ela descobriu diversas evidências que mostravam que nossa opinião sobre o estresse afeta de forma significativa como ele nos influencia.

*Nossa opinião sobre o estresse afeta de forma significativa como ele nos influencia.*

Algumas pessoas aprendem a ver fontes de estresse como desafios, não como ameaças. Essa perspectiva, que os pesquisadores chamam de "resposta ao desafio", é caracterizada por ver o estresse como algo produtivo e, como escrevemos aqui, um estímulo para o crescimento. Em meio ao estresse, quem demonstra uma resposta ao desafio se concentra proativamente no que consegue controlar. Com essa perspectiva, emoções negativas como medo e ansiedade diminuem. Essa resposta capacita melhor essas pessoas a lidar com o estresse e até mesmo a crescer com ele. Mas não é só isso. Assim como nosso mindset sobre milk-shakes afeta nossa reação biológica, o do estresse faz o mesmo.

Dentre os diversos hormônios que agem quando estamos estressados, dois são especialmente importantes: o cortisol e a desidroepiandrosterona (DHEA). Embora nenhum seja categoricamente "bom" ou "ruim" e ambos sejam necessários, níveis de cortisol cronicamente elevados são associados com inflamações duradouras, funcionamento imunológico prejudicado e depressão. Em comparação, a DHEA foi ligada a reduções no risco de ansiedade, depressão, doenças cardíacas, neurodegeneração e diversas outras doenças e condições. A DHEA também é um neuroesteroide que ajuda o cérebro a crescer. Sob estresse, você deve liberar mais DHEA do que cortisol. Essa relação tem o nome adequado de "índice de crescimento sob estresse". Como seria esperado, estudos comprovam que pessoas que reagem ao estresse com resposta de desafio têm um índice de crescimento sob estresse maior do que quem o vê como ameaça. Ou seja, se encararmos fontes de estresse como desafios, liberaremos mais DHEA do que cortisol. Como resultado, o índice de crescimento sob estresse será maior e teremos *benefícios* de saúde em vez de danos. E, de acordo com o estudo de 2010 sobre estresse e mortalidade mencionado, talvez até vivamos mais.

Está ficando claro que cultivar um mindset de crescimento e uma resposta ao desafio do estresse é muito benéfico. Esses mindsets aumentam nossa saúde e longevidade. E, como estamos prestes a descobrir, também melhoram nosso desempenho.

## COMO OS MELHORES ENCARAM O ESTRESSE

No início de uma prova olímpica, a maioria dos atletas demonstra uma determinação estoica e impassível. Poucos atletas olímpicos, se houver algum, demonstram ansiedade. Compare isso às corridas locais de 5km, em que atletas de fim de semana tentam correr a um ritmo de cinco minutos por quilômetro ficam nervosos e estressados... sendo que receberão uma medalha de conclusão independentemente do seu desempenho. O que está acontecendo? Será que os melhores são imunes ao estresse? É claro que não. Eles apenas sabem como canalizá-lo de modo eficaz.

Em um estudo com mais de 200 nadadores profissionais e amadores, pesquisadores usaram um estudo psicológico (o CSAI-2, Inventário de Ansiedade-Estado Competitiva) para medir o estresse antes de uma prova importante e perguntaram a cada atleta se consideravam o estresse algo benéfico ou danoso. Descobriram que, antes da prova, tanto os profissionais quanto os amadores sentiam a mesma intensidade de estresse cognitivo e físico. Todos sentiam o nervosismo, a ansiedade e talvez até mesmo um pouco de medo que acompanham quem fica à beira da piscina esperando o tiro de largada e toda a dor que se segue a ele. A diferença é que os amadores viam o estresse como algo a ser evitado, ignorado e que deveriam tentar acalmar. Sentiam que o estresse atrapalhava seu desempenho. Os profissionais, por outro lado, interpretavam o estresse e as sensações que o acompanham como um auxílio ao desempenho; que os preparava para extrair o máximo de seus corpos. Isto é, os profissionais apresentavam uma resposta ao desafio do estresse e, como resultado, não se incomodavam tanto com ele. Na verdade, até os ajudava a canalizar as reações fisiológicas extremas para uma explosão na piscina.

Outras pesquisas, publicadas no *Journal of Experimental Psychology*, mostram que, em vez de tentar se acalmar, "reavaliar a ansiedade pré-desempenho como empolgação" costuma ser vantajoso. Quando tentamos suprimir o nervosismo pré-evento, dizemos intrinsecamente que há algo errado. Isso não só piora a situação, mas também consome energia emocional e física para enfrentar a sensação de ansiedade — energia que poderia ser dedicada à tarefa. Felizmente, de acordo com os autores do artigo, simplesmente dizer "estou empolgado" a si mesmo muda o comportamento do que chamam de mindset de ameaça (estressado e apreensivo) para um mindset de oportunidade (acelerado e preparado). "Comparados àqueles que tentam se acalmar", concluem os autores, "pessoas que reavaliam sua ansiedade como empolgação têm desempenhos melhores". Ou seja: as sensações que sentimos antes de um grande evento são neutras — se as olharmos de forma positiva, há mais chances de que tenham um efeito positivo no desempenho.

Esses estudos confirmam o que toda pessoa de alto desempenho entrevistada para este livro nos disse. Todos admitiram sentir estresse, especialmente antes de grandes performances. Mas também disseram que, em vez de tentar afastá-lo, aceitavam-no e o canalizavam na tarefa. Nas palavras do campeão mundial de caiaque em água doce, Dane Jackson: "O medo [talvez a forma mais potente de estresse] está do meu lado em todos os aspectos do caia-

*Ao nos forçarmos a encarar desafios quase impossíveis e melhorar nossa resposta a eles, o mindset certo abre a possibilidade do crescimento acontecer.*

quismo, seja ao me preparar para descer as maiores quedas d'água ou antes de minha última tomada em campeonatos mundiais. Não tento me esconder dele ou ignorá-lo. Abraço a sensação e canalizo para que me ajude a focar, a acertar a linha ou fazer o melhor que sou capaz."

A pesquisa dos mindsets não dá a entender que a habilidade inata não importa, mas que a forma como nutrimos nossa natureza também importa. Ao nos forçarmos a encarar desafios quase impossíveis e melhorar nossa resposta a eles, o mindset certo abre a possibilidade do crescimento acontecer.

Nos dois últimos capítulos, nosso foco foi a primeira metade da equação do crescimento: o estresse. Exploramos como, na dose certa, ele serve como um poderoso estímulo para o crescimento; como as habilidades vêm da dificuldade e de falhas produtivas; e o valor de buscar ativamente desafios quase impossíveis. Também aprendemos a nos estressar: em blocos com menos de duas horas, com foco profundo, prática cuidadosa e nossos dispositivos digitais fora da cena. Finalmente, vimos como nosso mindset afeta não apenas como vemos o estresse, mas como respondemos a ele.

Embora nos permitir sentir o estresse e fazer isso com um mindset de crescimento possa parecer difícil, na verdade pode ser a parte fácil. Em uma virada paradoxal, a segunda parte da equação do crescimento, o descanso, pode ser ainda mais difícil. Ernest Hemingway dizia que, por mais difíceis que fossem seus blocos de escrita, era "a espera pelo dia seguinte", quando ele se obrigava a descansar, a parte mais difícil de aguentar. Ou, nas palavras de outro grande escritor, Stephen King: "Para mim, não trabalhar é o verdadeiro trabalho."

A seguir, abordaremos a segunda parte da equação do crescimento. O trabalho de não trabalhar. O descanso.

> ## Práticas de Desempenho
>
> - Lembre-se do poder do mindset: como você encara algo afeta fundamentalmente como seu corpo responde a isso.
> - Em situações em que você sente estresse, lembre-se de que é a maneira natural do seu corpo de se preparar para um desafio. Respire fundo e canalize a sensação acelerada e a percepção aumentada na tarefa.
> - Desafie-se a ver o estresse de forma produtiva e até a aceitá-lo. Além de melhorar seu desempenho, também melhorará sua saúde.

# 4

# O PARADOXO DO DESCANSO

Um de nossos amigos, Adam,* é engenheiro no projeto de carros autônomos do Google (agora com uma divisão própria, chamada Waymo). Ele diz que o ritmo diário do trabalho beira o fanatismo. Quando está no laboratório, o mundo lá fora desaparece — sabemos disso porque ele nos contou e também porque as mensagens de texto e e-mails que mandamos para ele quase sempre ficam sem resposta. Adam trabalha com foco total, mergulhando nas entranhas e nervos de um carro que, se o Google acertar, mudará o mundo. Adam, no entanto, nunca diria isso. Sabe que primeiro ele e sua equipe precisam descobrir, entre várias outras coisas, como ensinar um objeto inanimado que se move a 110km/h a diferença entre uma sacola plástica e um animal. Isso que é desafio quase impossível...

O Google foi construído por projetos como o carro autônomo: esforços que tentam ultrapassar o ponto de resistência do crescimento, em que dificuldades e falhas produtivas não são consequências *do* trabalho, e sim a força motriz *por trás* dele. A empresa atrai a nata da nata, os melhores pensadores criativos que são apaixonados pelo que fazem. Se adicionarmos os prazos curtos e os colegas que não têm medo de dar o máximo, é fácil entender por que funcionários como Adam ficam tão absortos no trabalho. O Google domina a receita do estresse. Mas a empresa sabe que

---
* O nome foi alterado para proteger a identidade do nosso amigo.

isso é só metade do problema. Sem descanso, o Google não resultaria em inovação. Pelo contrário, acabaria com uma força produtiva em frangalhos e exausta.

O burnout é, sem dúvida, uma das maiores ameaças para o Google, e segurar seus funcionários apaixonados costuma ser um desafio muito maior do que fazer com que eles se dediquem. Por sorte, o Google trouxe para esse dilema o mesmo mindset inovador que a empresa tem em todos os outros projetos. Mas, ao contrário de quase tudo o que faz, a empresa não está procurando por tecnologias de ponta para ajudar seus funcionários a descansar, pelo contrário, o Google dominou o descanso ao buscar uma antiga prática oriental.

## BUSQUE DENTRO DE VOCÊ

Nos primórdios do Google, o funcionário nº 107, Chade-Meng Tan, observou que, apesar de seus colegas não terem problemas para "ligar", tinham muita dificuldade para "desligar". Se fazer intervalos curtos já era impossível, imagine desconectar-se do trabalho à noite ou nos fins de semana. Mesmo que os primeiros funcionários do Google quisessem descansar, o ritmo e a empolgação do trabalho dificultava isso. A empresa crescia com rapidez, mas Tan foi sábio ao perceber que esse estilo de trabalho — estresse sem descanso — era insustentável.

No Google, Tan era engenheiro de software. Fora do trabalho, era praticante dedicado da meditação mindfulness (atenção plena), um estilo budista de meditar cujos praticantes se concentram exclusivamente na respiração. A prática de mindfulness de Tan o ajudava a fazer a transição do estresse do trabalho intenso para um estado de descanso. Também descobriu que isso abria sua mente a percepções que, de outra forma, estariam ocultas. Tan concluiu que mindfulness era exatamente o que o Google precisava.

Assim, em 2007, Tan lançou o Busque Dentro de Você, um curso de meditação mindfulness de sete semanas para funcionários do Google. Inicialmente, seus colegas ficaram relutantes. Perguntavam o que uma prática mística, new age, à luz de velas e com cânticos poderia fazer por eles. Mas não demorou para que os colegas de Tan descobrissem que o mindfulness — que obviamente não é nada do que acabamos de mencionar — tinha o poder de mudar a forma como trabalhavam e viviam. Logo, os funcionários do Google que fizeram as aulas de Tan estavam empolgados com os benefícios. Sentiam-se mais calmos, com a mente limpa e mais focados. Conseguiam desligar no fim do dia e até mesmo se desconectar a ponto de os fins de semana e férias serem realmente renovadores.

A conversa sobre o Busque Dentro de Você se espalhou rapidamente pelo Google, e não demorou para que a demanda pelo curso fosse maior do que a capacidade de Tan ministrá-lo, algo que ele fazia além de seu trabalho de engenharia. A liderança do Google também percebeu as vantagens do Busque Dentro de Você. Seus funcionários estavam mais saudáveis, felizes e produtivos. Perguntaram a Tan se ele teria interesse em ensinar a meditação mindfulness em tempo integral e liderar um novo departamento, batizado de Personal Growth [Desenvolvimento Pessoal]. Tan ficou encantado com a oferta e aceitou, com uma única condição: seu cargo não seria mais engenheiro de software. Ele seria chamado de "Jolly Good Fellow" [Bom Camarada].

O Busque Dentro de Você continuou a crescer, chegando a sair do Google. Hoje, o Search Inside Yourself Institute (SIYLI) funciona com uma missão ampliada e ensina mindfulness a pessoas de diversas organizações. Tan continua envolvido como presidente do conselho (embora ainda prefira que os colegas o chamem de bom camarada), e lidera uma equipe de 14 funcionários que se dedicam a disseminar o poder do mindfulness em tempo integral.

Para aprender mais sobre a meditação mindfulness, visitamos o SIYLI, no distrito de Presidio, em São Francisco. Lá, encontramos Brandon Rennels, um instrutor de mindfulness. Rennels tem cerca de 30 anos, mas seu cabelo está ficando grisalho, como se dissesse "esta cabeça está repleta da sabedoria do mindfulness". E pelo que pudemos perceber, está mesmo.

Ao encontrar com Rennels, não pudemos deixar de observar que ele estava totalmente presente. Todos os seus movimentos são intencionais. Ele observa com um olhar profundo que absorve todos os detalhes dos arredores. Quando entramos em uma sala de reuniões, possivelmente uma em que Rennels já esteve centenas de vezes, ele observou a sala como se estivesse à beira de um mirante, observando o Grand Canyon. O mesmo aconteceu quando abriu seu notebook: parecia uma criança de 4 anos descobrindo um MacBook pela primeira vez. Ele absorvia tudo, aparentemente maravilhado por coisas que considerávamos comuns.

Ele nos disse que nem sempre foi assim. Antes do SIYLI, trabalhou para uma grande empresa de consultoria administrativa. Embora fosse bom no trabalho, uma opinião confirmada por promoções e boas avaliações de desempenho, o trabalho não era bom para ele. Rennels percebeu que buscava recompensas externas e ansiava por um status. Tinha dificuldades para se concentrar — algo quase impossível de acreditar, considerando o que vimos no SIYLI — e nunca conseguia acalmar sua mente inquieta. Disse-nos que, mesmo quando não estava fisicamente no trabalho, sua mente estava lá. Como os primeiros funcionários do Google, ele simplesmente não conseguia se desligar. Mas, disse: "Tudo mudou quando comecei a levar o mindfulness a sério."

Após três anos trabalhando como consultor, Rennels tropeçou em alguns artigos e um livro sobre a meditação mindfulness. Começou a estudar a prática e, assim como Tan no Google, viu no mindfulness uma solução para vários dos seus problemas. Dedicou-se a meditar com regularidade, começando com sessões de 1 minuto por dia.

Após poucas semanas, Rennels percebeu mudanças profundas. Ficou mais consciente de si mesmo e de suas emoções, e mais perceptivo sobre como essas emoções causavam determinadas ações. Sua mente ainda ficava inquieta no trabalho e quando resolvia problemas ativamente, mas ele conseguia acalmá-la no fim do dia. Tornou-se um ouvinte melhor e também passou a dormir melhor. Rennels nos disse que, conforme aumentou a duração e a frequência de suas sessões de meditação, começou a sentir que tinha mais controle de si mesmo e não ficava mais à mercê do mundo à sua volta. "Foi como se todos os elementos da minha vida melhorassem", relembrou.

## "DESLIGANDO": DO ESTRESSE AO DESCANSO

O mindfulness envolve ficar completamente presente no momento, plenamente consciente de si e de seus arredores. É útil encarar a meditação como parte de um treinamento muito específico para estar mais presente em todos os momentos da vida. Ao meditar, fortalecemos o músculo da atenção. É uma prática simples:

- Sente-se em uma posição confortável, de preferência em um local silencioso.
- Respire profundamente algumas vezes, inspirando e expirando pelo nariz.
- Permita que sua respiração volte ao ritmo natural e concentre-se apenas nas sensações da respiração, notando o subir e descer do abdômen com cada respiração. Se pensamentos surgirem, note-os, mas direcione seu foco de volta ao ritmo e à sensação da respiração.
- Coloque um alarme para não precisar pensar no tempo. Comece com apenas 1 minuto e aumente gradualmente a duração.

Estudos cerebrais recentes começaram a demonstrar as vantagens imensas e mensuráveis da meditação mindfulness. Os pesquisadores estão descobrindo que, ao começar com poucos minutos todos os dias, a meditação mindfulness aumenta a massa cinzenta na parte do cérebro chamada de córtex pré-frontal. O córtex pré-frontal é uma das partes mais evoluídas do nosso cérebro; sua complexidade nos separa dos animais mais primitivos. Além de realizar o raciocínio elevado, o córtex pré-frontal serve como centro de controle e comando do cérebro. Ele nos permite responder de forma racional a situações, em vez de reagir instintivamente. Ter um córtex pré-frontal bem desenvolvido é especialmente importante quando se trata da transição do estresse para o descanso.

Quando nos desafiamos — seja com uma série de exercícios pesados, aprendendo a tocar um instrumento ou trabalhando sem descanso para resolver um problema complexo — ativamos uma resposta de estresse no cérebro. Ao fortalecer nosso córtex pré-frontal, o mindfulness nos permite reconhecer que estamos tendo uma resposta de estresse, em vez de sermos automaticamente dominados por ele. É como se víssemos nossos pensamentos e sentimentos como observadores neutros e *escolhêssemos* o que fazer a seguir. Um córtex pré-frontal fraco é sobrecarregado por uma resposta de estresse forte. Mas um córtex pré-frontal forte nos permite *escolher* como queremos responder ao estresse.

Para entender melhor como isso funciona, pesquisadores da Universidade de Wisconsin-Madison elaboraram um experimento que permitia que observassem, dentro e fora (logo falaremos a respeito), a diferença de resposta ao estresse em meditadores novatos e experientes. Os pesquisadores começaram queimando as pernas de ambos os grupos com um ferro em brasa. Inicialmente, os dois grupos responderam da mesma forma: com uma resposta de estresse imediata: "Ai!" Mas essa foi praticamente a única coisa que os grupos tinham em comum. Além de observar as respostas externas dos participantes, os pesquisadores também observavam como as coisas evoluíam de forma interna, usando ressonância magnética funcional para olhar dentro dos cérebros dos participantes. O que viam lá dentro refletia exatamente o que viam do lado de fora. No início, a região cerebral associada à resposta inicial ao estresse (o córtex somatossensorial secundário) mostrou o mesmo nível de atividade nos dois grupos. Isso representava o "Ai!" inicial.

Conforme a resposta ao estresse continuava, havia uma atividade perceptível na amídala do grupo novato. A amídala é uma das estruturas menos desenvolvidas do nosso cérebro. É um elemento que compartilhamos com os animais mais primitivos, como os roedores. Normalmente chamada de "centro emocional" do cérebro, a amídala controla nossos instintos mais básicos, como a fome e o medo. Quando nos sentimos ameaçados, é ela que ativa nossa resposta ao estresse: ficamos tensos e nos preparamos para agir. Embora isso seja útil para evitar predadores na selva, não é ideal para manter a calma quando enfrentamos os estresses da vida moderna. A atividade nas amídalas dos novatos, comprovada pela ressonância, indicou por que eles continuavam a sofrer com a dor e o desconforto. Seus cérebros estavam passando pelo que neurocientistas chamam de sequestro da amídala — uma tomada emocional do cérebro. Simplesmente não conseguiam desligar sua resposta de estresse. Mesmo após o ferro em brasa ser removido, os novatos permaneciam em um estado estressado e emotivo.

Os meditadores experientes, por outro lado, demonstraram uma reação totalmente diferente, por dentro e por fora. Após a queimadura inicial, foram capazes de "desligar" sua resposta de estresse, dissociando o estímulo de uma reação emocional mais longa. Era como se sentissem a dor, pensassem "ai, doeu" e *escolhessem* conscientemente não reagir mais. Não havia sequestro da amídala dentro dos cérebros dos meditadores experientes. Eles conseguiam superar sua resposta natural ao estresse. Esse é um exemplo extremo da mesma habilidade que permite que Brandon Rennels, instrutor de mindfulness do SIYLI, se desligue no fim de um dia de trabalho árduo.

Mas acontece que meditadores experientes não são os únicos especialistas que sabem escolher ativamente como responder ao estresse. Os corredores de ponta que Steve treina também conseguem. É mais um exemplo de como buscar o domínio em áreas aparentemente distintas — correr e meditar — acaba tendo muito em comum.

QUANDO A DOR SURGE durante um treino longo e difícil, corredores amadores, mesmo se forem bons, costumam se preocupar com isso. Pensam sozinhos: "Ah, droga, já começou a doer bastante e ainda tenho muito pela frente." Esses pensamentos emocionais podem levar ao pânico. O batimento cardíaco aumenta e os músculos ficam tensos. Como resultado, tanto o prazer quanto o desempenho diminuem. Mas para os melhores corredores, como os treinados por Steve, a história é outra. Não que os corredores de elite não sintam dor e desconforto durante seus treinos pesados, eles apenas reagem de forma diferente. Em vez de entrar em pânico, fazem mentalmente o que Steve chama de "conversa calma".

*Não que os corredores de elite não sintam dor e desconforto durante seus treinos pesados, eles apenas reagem de forma diferente.*

A conversa calma é mais ou menos assim: "Está começando a doer agora. Devia mesmo. Estou correndo muito. Mas estou separado da dor. Vai ficar tudo bem." Assim como os melhores meditadores, os melhores corredores de Steve *escolhem* como responder ao estresse de um treino. Suas amídalas não são sequestradas. Mesmo que nem todos os corredores de Steve meditem, todos desenvolveram seu músculo da atenção com os anos de foco profundo e solitário que ser um corredor de elite exige. Steve não examinou seus cérebros, mas apostamos que, se o fizesse, encontraria córtex pré-frontais repletos de massa cinzenta.

Em sua jornada para se tornar um corredor de elite, um dos atletas de Steve, Brian Barraza, passou pelo que vários jovens atletas passam em sua primeira grande prova: o fracasso. Quando Barraza era calouro na Universidade de Houston, ele teve a oportunidade (e a aptidão) de se classificar para o campeonato nacional de 10K. Mas em vez de uma posição entre os 10 melhores que mantivera o ano todo, terminou em um decepcionante 28º lugar. Após a corrida, ele disse a Steve: "Doeu demais, eu não consegui ficar confortável."

Steve passou um ano trabalhando com Barraza e ajudando-o a aprender a ficar confortável com o desconforto. Particularmente, ensinou Barraza a aceitar que todo exercício ou prova puxada doeria. Em vez de resistir à dor, Steve o ensinou a ter uma conversa calma. Um ano depois, na mesma corrida, em seu segundo ano, o atleta ficou com o quarto lugar e garantiu uma vaga na competição nacional. Dessa vez, não foi apenas a posição final de Barraza que mudou, mas sua avaliação pós-corrida também: "Quando começou a doer, imaginei que você estava ao meu lado, como nos treinos", disse ele a Steve. "Foi como se eu estivesse conversando normalmente no meio da prova — primeiro com você, depois comigo. Quando começou a ficar difícil mesmo, eu não tentei me forçar a superar a dor ou lutar contra ela. Pelo contrário, lembrei que isso é normal e relaxei."

No terceiro ano, Barraza correu acima do esperado e venceu a classificatória. Não há dúvidas de que seu preparo físico melhorou durante sua carreira universitária. Mas foi a melhora em seu preparo mental que permitiu que a demonstrasse.

*A conversa calma é mais ou menos assim: "Está começando a doer agora. Devia mesmo. Estou correndo muito. Mas estou separado da dor. Vai ficar tudo bem."*

Ser atento não ajuda apenas os melhores atletas a superar treinos pesados, também os ajuda na recuperação. Só precisamos observar a variabilidade da frequência cardíaca (VFC), o intervalo entre batimentos cardíacos, para comprovar. A VFC é muito usada como indicador global de recuperação fisiológica. Quanto mais rápido essa variabilidade volta a seu valor pré-exercício (linha de base), melhor. Pesquisas indicam que após um treino pesado, a VFC de atletas de elite volta à linha de base muito mais rápido do que a dos outros. Em um estudo, 15 minutos após um exercício desgastante, a VFC dos atletas de elite já havia voltado a 80% do seu valor de base. A dos outros estava apenas em 25%. Após 30 minutos, a dos atletas de elite havia voltado ao normal, enquanto a dos outros continuava em apenas 40% a 45%. Assim como os meditadores de elite, os atletas de elite conseguiam fazer a transição do estresse ao descanso muito mais rápido do que seus colegas novatos. Talvez o ditado de que trabalhar com afinco separa os melhores dos demais explique apenas uma parte do cenário. Os melhores também descansam mais.

> *O ditado de que trabalhar com afinco separa os melhores dos demais explica apenas uma parte do cenário. Os melhores também descansam mais.*

**DESENVOLVER SEU MÚSCULO DA ATENÇÃO** cria um espaço para que você escolha como quer responder ao estresse. No meio de um desafio, o mindfulness o ajuda a ficar calmo e sereno. Permite que você devote toda sua energia física e psicológica para concluir a tarefa, em vez de se preocupar. Após um desafio, o mindfulness permite que você *escolha* desligar o estresse e fazer a transição para um estado de descanso. Como vimos, isso pode significar acalmar sua mente inquieta ou acalmar seus batimentos cardíacos. Seja um engenheiro ou um atleta, o mindfulness serve como porta de entrada para o descanso, ajudando-o a chegar lá mais rápido e de forma previsível. Mas, como estamos prestes a descobrir em uma reviravolta interessante, quando entramos nesse estado de descanso, o "descanso" não é nada passivo.

## Práticas de Desempenho

- Desenvolva seu músculo da atenção. A melhor maneira de fazer isso é praticando a meditação mindfulness:
    - √ Escolha um momento em que as distrações são minimizadas, como no começo da manhã, após escovar os dentes ou antes de dormir.
    - √ Sente-se em uma posição confortável, de preferência em um local silencioso.
    - √ Defina um alarme para não se distrair com pensamentos sobre o tempo.
    - √ Comece a respirar profundamente, inspirando e expirando pelo nariz.
    - √ Permita que sua respiração volte ao ritmo natural e concentre-se apenas na sensação da respiração, notando o subir e descer do abdômen com cada respiração. Se pensamentos surgirem, note-os, mas deixe-os de lado. Redirecione seu foco para a sensação da respiração.
    - √ Comece com apenas 1 minuto e aumente gradualmente a duração, adicionando de 30 a 45 segundos gradualmente.
- Frequência é melhor do que duração. É melhor meditar diariamente, mesmo que isso signifique que as sessões serão curtas.
- Aplique suas habilidades crescentes de mindfulness na vida cotidiana.
- Tenha "conversas calmas" durante períodos de estresse.
- Perceba quando quer se "desligar" e *escolha* deixar o estresse para trás. Fazer um intervalo para respirar profundamente ajuda a ativar o córtex pré-frontal, o centro de comando e controle do cérebro.

## NOSSO CÉREBRO OCIOSO: A REDE DE MODO PADRÃO

Em 1929, um psiquiatra alemão chamado Hans Berger realizava uma série de estudos que usavam uma nova tecnologia que ele inventara cinco anos antes. A tecnologia se chamava eletroencefalograma (EEG) e mapeava a atividade elétrica do cérebro. Prendendo sensores ao couro cabeludo dos pacientes, Berger conseguia olhar para dentro dos seus cérebros. Seu objetivo no uso do dispositivo era entender quais partes do cérebro realizavam tarefas diferentes. Ele pedia que os pacientes resolvessem questões aritméticas, desenhassem ou resolvessem quebra-cabeças — enquanto monitorava a atividade elétrica em seus cérebros. Obviamente, ele via padrões diferentes de atividade elétrica ocorrerem com diferentes tipos de tarefas. Berger e seu EEG nos deram uma percepção nova sobre como o cérebro funciona... e também como não funciona.

Durante um de seus experimentos, Berger deixou a máquina de EEG ligada enquanto um paciente descansava entre as tarefas. Ele notou que as agulhas do EEG, responsáveis por mapear a atividade elétrica no cérebro, não pararam de se mover. Na verdade, continuavam a funcionar freneticamente. Na época, a opinião geral era de que o cérebro essencialmente se desligava quando não estava realizando uma tarefa concreta. Mas ali estava Berger, observando os cérebros de seus pacientes permanecerem ativos, mesmo quando não estavam fazendo nada ativamente.

Quando Berger publicou suas conclusões, a parte sobre o cérebro continuar ativo no descanso foi amplamente ignorada. Embora ele tenha ficado intrigado pelo que acontecia quando seus pacientes *não estavam* trabalhando ativamente, o resto da comunidade científica tinha mais interesse no que acontecia quando estavam.

Nos 70 anos seguintes, as pesquisas se concentraram na rede positiva, a rede do cérebro que é ativada quando realizamos tarefas que exigem esforço e atenção. Foi só em 2001 que o Dr. Marcus Raichle, neurologista da Universidade Washington, em St. Louis, voltou a estudar a intrigante atividade passiva que Berger descobrira muito tempo antes. Usando ressonâncias magnéticas funcionais para observar o cérebro, Raichle notou que, quando as pessoas se distraem e sonham acordadas, uma parte específica do cérebro era consistentemente ativada. Ele a batizou de rede de modo padrão. O interessante é que, assim que seus pacientes voltavam a se concentrar, a rede de modo padrão se apagava e a rede positiva era reativada.

Graças à ajuda da tecnologia evoluída da ressonância magnética funcional, diferentemente da descoberta de Berger há quase um século, o trabalho de Raichle gerou mais investigações científicas do cérebro ocioso. Essa linha de pesquisa mostrou que, mesmo quando achamos que nosso cérebro está "desligado", existe um sistema poderoso, a rede de modo padrão, trabalhando nos bastidores, totalmente despercebido por nossa consciência. E, como veremos, é esse sistema — que "liga" quando nós "desligamos" — que costuma ser responsável pelos insights criativos e pelas descobertas.

## EUREKA! COMO DAR LUGAR À CRIATIVIDADE

Pense nos momentos em que você tem mais criatividade. O que está fazendo quando as respostas para problemas difíceis que tenta resolver brotam na sua cabeça? Provavelmente, não estava tentando resolvê-los. É mais provável que estivesse relaxando no chuveiro. Se for assim, você está no mesmo grupo de Woody Allen, que confia no chuveiro para ter a faísca criativa. Ele diz que, sempre que está em um impasse, "o que me ajuda é subir as escadas e tomar uma ducha... Então, eu tiro parte da roupa, faço um bolinho inglês ou algo do tipo e tento ficar com um pouco de frio, para querer entrar no chuveiro". Quando o assunto é gerar pensamentos criativos no chuveiro, Allen não está sozinho, como comprova todo o setor de lousas e blocos à prova d'água.

Se não for no chuveiro, talvez suas melhores ideias surjam quando você está correndo ou caminhando. Vários filósofos renomados, de Kierkegaard a Thoreau, consideravam sagrada sua caminhada diária, o segredo para gerar novas ideias. "Acredito que, no momento em que minhas pernas começam a se mover, meus pensamentos começam a fluir", registrou Thoreau em seu diário.

Ou talvez sua epifania venha ao acordar para ir ao banheiro no meio da noite, ou logo após acordar de uma soneca. Os melhores inventores costumam dormir com um caderno na mesa de cabeceira. Thomas Edison era um grande defensor das power naps [sonecas produtivas], não porque elas o ajudavam a recuperar o sono perdido, mas porque ele acordava com novas ideias.

Lin Manuel Miranda, vencedor da Bolsa MacArthur "para gênios" e criador do premiado musical da Broadway, *Hamilton*, diz o seguinte: "Uma boa ideia não aparece quando você está fazendo um milhão de coisas. A ideia boa vem no momento do descanso: no chuveiro. Quando você está rabiscando e brincando de trem com seu filho. Quando sua mente está do outro lado das coisas."

Reunindo todos esses casos interessantes, vemos um tema poderoso surgir. Nossas ideias mais profundas costumam surgir dos pequenos espaços entre o raciocínio deliberado: quando nossos cérebros estão descansando. A ciência sustenta isso. Os pesquisadores descobriram que, apesar de passar a maioria de nosso tempo desperto em pensamentos esforçados, mais de 40% de nossas ideias criativas surgem nos intervalos.

A maioria das descobertas criativas segue um arco padrão. Primeiro, nos dedicamos ao trabalho, deliberando intensamente sobre um tema. Apesar de nossa mente consciente nos levar longe, às vezes há uma peça faltando que não conseguimos encontrar, não importa o quanto tentemos. Ao atingir esse ponto, embora possa parecer contraproducente, o melhor a fazer é parar de tentar. É normal que, ao nos afastarmos do raciocínio intencional e ativo e deixarmos nossa mente descansar, a peça que falta surja misteriosamente. Assim como a esperta corredora Deena Kastor (que conhecemos no Capítulo 1) diz que a mágica do seu sucesso está em se afastar do treinamento físico, a mágica para gerar ideias criativas está em se afastar do raciocínio esforçado. Para entender melhor essa mágica, precisamos analisar a diferença entre a mente consciente e subconsciente.

> *Nossas ideias mais profundas tendem a surgir dos pequenos espaços entre o raciocínio deliberado: quando nossos cérebros estão descansando.*

## NOSSO CÉREBRO CRIATIVO

Quando trabalhamos ativamente em algo, nossa mente consciente (a rede positiva) está no comando. Ela funciona de forma linear e lógica, "se-então": se isso, então aquilo; se não isso, então provavelmente não aquilo. Na grande maioria das atividades, esse tipo de pensamento linear funciona bem, mas de vez em quando empacamos. Podemos sentar e ficar olhando a tela do computador ou a lousa tentando descobrir algo, mas enquanto estivermos *tentando*, provavelmente falharemos. Só quando paramos de tentar nossa mente consciente vai para os bastidores e nossa mente subconsciente (a rede de modo padrão) assume.

Nossa mente subconsciente funciona de modo totalmente diferente da consciente. Ela quebra o padrão de raciocínio linear e funciona de forma muito mais aleatória, puxando informações de partes do cérebro que ficam inacessíveis quando trabalhamos conscientemente em algo. São essas partes do cérebro, nas vastas florestas que rodeiam a rodovia do "se-então" que nossa mente consciente percorre, onde ficam nossas ideias criativas. Os neurocientistas descobriram que a mente subconsciente está sempre trabalhando, funcionando em silêncio nos bastidores. Mas, como Raichle descobriu, é apenas quando desligamos a mente consciente, entrando em um estado de descanso, que as descobertas da mente subconsciente emergem.

*É apenas quando desligamos a mente consciente, entrando em um estado de "descanso", que as descobertas da mente subconsciente emergem.*

O matemático Dr. David Goss teve uma experiência em primeira mão com o fenômeno da criatividade que surge em períodos de descanso. Goss é professor emérito de matemática na Universidade Estadual de Ohio e é reconhecido internacionalmente por seu trabalho inovador em teoria dos números. Ele passou os últimos 40 anos criando uma linguagem matemática totalmente nova, com a qual podemos resolver problemas que não podem ser resolvidos na linguagem tradicional. Na prática, ele criou um universo paralelo que torna possíveis os problemas matemáticos impossíveis. Para acessar as revelações criativas que o levaram a desenvolver esse universo paralelo da matemática, Goss teve de acessar um universo paralelo em sua mente.

O amor de Goss pelos números existe desde que ele consegue se lembrar. No começo da década de 1970, quando Goss era calouro na Universidade de Michigan, ele se entregou totalmente à matemática. Ele nos contou que só conseguia pensar em matemática. Embora seu desempenho nas aulas de matemática fosse extraordinário, tinha um custo muito alto: ele negligenciava todas as disciplinas fora da matemática. Durante seu terceiro ano, a situação chegou a ponto de seu orientador dizer que ele devia tomar jeito ou ir embora. Goss escolheu a segunda opção e foi para Harvard, onde foi recebido de braços abertos em um programa de doutorado em matemática. Ele nos disse: "Fiz mestrado e doutorado em Harvard, mas não tenho graduação. Fazer o quê."

Dispensado da necessidade de fingir interesse por outras disciplinas, Goss entrou de cabeça na matemática. Aos 23 anos de idade, percebeu que a matemática era limitada por suas estruturas atuais. "Lembro de pensar que devia existir um caminho melhor, um meio de avançar a matemática além do que consideramos possível", disse. Essa ideia e várias das descobertas que se seguiram a ela não ocorreram quando ele estava no quadro-negro. Pelo contrário, ele diz: "Todas essas ideias loucas surgiram do meu subconsciente. Quando estava na bicicleta ergométrica ou fazendo um passeio. Algumas dessas ideias eram realmente loucas. Mas outras acabaram não sendo." Goss eliminava as ideias loucas no dia seguinte. Mas e as que não eram tão loucas? Viraram uma segunda linguagem matemática.

Não existem dúvidas de que Goss tem uma mente consciente brilhante, mas seu subconsciente, e sua coragem de se afastar do trabalho e descansar para conseguir fazer uso dele, merece o mesmo grau de reconhecimento. "O subconsciente é uma coisa incrivelmente poderosa", disse Goss. "É quase como se o único motivo para trabalhar fosse preparar o cenário para o que acontece quando você se afasta."

*"O subconsciente é uma coisa incrivelmente poderosa", disse Goss. "É quase como se o único motivo para trabalhar fosse preparar o cenário para o que acontece quando você se afasta."*

Embora nunca tenha sido um atleta dedicado, Goss seguia a arte da periodização: estressando sua mente e deixando-a se recuperar apenas para encontrar novas ideias, para crescer. Ele não é o único revolucionário que encontrou sucesso sem precedentes ao se afastar. A seguir, conheceremos a história de outro grande nome, desta vez um atleta, cuja coragem de descansar ocasionou outro tipo de descoberta. É a história de um corredor chamado Roger Bannister.

---

## Práticas de Desempenho

- Quando estiver trabalhando em uma tarefa mental desgastante e encontrar um impasse, pare de trabalhar.
- Afaste-se do que estiver fazendo por pelo menos 5 minutos.
- Quanto mais estressante a tarefa, maior deve ser o intervalo.
- Para tarefas realmente exaustivas, tente se afastar até a manhã seguinte.
- Durante os intervalos, se não estiver dormindo (falaremos mais sobre isso), realize atividades que exijam pouco ou nenhum esforço de pensamento. Exploraremos de forma mais detalhada como ocupar seus intervalos no Capítulo 5, mas alguns exemplos são:

| √ Ouvir música | √ Tomar uma ducha |
| √ Fazer uma caminhada curta | √ Lavar a louça |
| √ Sentar ao ar livre | |

- Você pode ter um momento "a-ha" de percepção durante o intervalo. Se tiver, ótimo; se não tiver, seu subconsciente continuará trabalhando. Quando voltar ao que estava fazendo, terá mais probabilidade de progredir.

## DESCOBERTA

Seis de maio de 1954. Oxford, Inglaterra. *Bang!* Com o tiro de largada, em frente a um estádio lotado, a estrela das pistas britânicas Roger Bannister deu início a uma tentativa impossível: correr uma milha em menos de quatro minutos.

Nas décadas de 1940 e 1950, a milha, como a maratona de hoje, era o evento de corrida de mais prestígio. Da mesma forma que a comunidade corredora de hoje não para de falar da possibilidade de uma maratona em menos de duas horas, a comunidade corredora do passado era obcecada pela busca da milha abaixo de quatro minutos. O recorde vinha sendo baixado progressivamente, de quatro minutos e quatorze segundos (1913) para quatro minutos e seis segundos (1934) para quatro minutos e um segundo (1945). Mas ali, a um piscar de olhos da épica milha abaixo de quatro minutos, o recorde parou por quase uma década. Não por falta de tentativas. Os melhores corredores de todo o mundo anunciavam que correriam em menos de quatro. Seu treinamento era elaborado especificamente para quebrar o recorde. Mas, sem exceção, nenhum teve sucesso: 4:03, 4:01, 4:04, 4:02. Parecia que ninguém conseguiria eliminar os últimos segundos restantes. Fisiologistas e médicos começaram a duvidar que uma milha abaixo de quatro fosse possível. O coração e os pulmões humanos não conseguiriam resistir ao esforço, afirmavam.

Como todos os outros grandes corredores da época, Bannister chegara bem perto, a meros segundos, de pensar que poderia quebrar o recorde. Então, no começo de 1954, quando declarou que tentaria novamente, ele de fato acreditava que conseguiria. Porém, antes de enfrentar a história, Bannister tomou uma decisão que parecia muito questionável. Abandonou seu plano de treinos com intervalos intensos nas pistas e partiu para as montanhas da Escócia, faltando apenas duas semanas para a prova. Por vários dias, ele e seus amigos não falaram nem viram uma pista de corridas. Em vez disso, caminharam e escalaram montanhas. Abdicaram por completo das corridas, psicológica e fisicamente, até certo ponto. Embora caminhar em trilhas seja uma ótima atividade para o condicionamento em geral, é bem diferente dos intervalos frenéticos de quatrocentos metros que Bannister estava acostumado a correr nas pistas. Ou seja, em relação a sua rotina normal, ele estava descansando.

Ao voltar à Inglaterra, Bannister chocou novamente a comunidade corredora. Em vez de ir imediatamente para a pista em um surto de compulsão para fazer um "treino de pânico" e tentar recuperar o tempo perdido, ele continuou descansando. Por mais três dias, Bannister deixou seu corpo se recuperar das exigências dos treinos que havia realizado nos meses anteriores. Há apenas alguns dias da tentativa do recorde, ele realizou alguns treinos rápidos para preparar o corpo, mas foi só isso. Estava fisicamente renovado, e isso foi bom. Ele precisava de toda a energia disponível para redefinir o que era possível em corridas.

Voltemos à pista de Oxford em 6 de maio de 1954. Com apenas um corredor próximo, Bannister entrou na terceira volta aos três minutos e sete segundos, faltando pouco para o ritmo sub-4. *Ding!* Quando soou o sino que anunciava a volta final, Bannister explodiu em um ímpeto ensandecido. Enquanto ele se distanciava lentamente dos demais, toda a plateia se levantou: 3:40, 3:41, 3:42... Na reta final, a energia era palpável, com fãs gritando a plenos pulmões... 3:54, 3:55... quando Bannister cruzou a linha de chegada, sem perceber nada, além do esforço tremendo que estava fazendo, o público explodiu. O locutor do estádio, Norris McWhirter, que viria a fundar o Guinness World Records, ressoou nos alto-falantes com sua frase mais memorável:

> *Senhoras e senhores, temos o resultado do nono evento, a milha: em primeiro, o número 41, R. G. Bannister, da Amateur Athletic Association, ex-aluno das faculdades Exeter e Merton, de Oxford, com um tempo que é o novo recorde do evento e da pista e que — sujeito a ratificação — será um novo recorde nativo inglês, nacional britânico, geral, europeu, do império britânico e mundial. O tempo foi de três...*

O público foi à loucura e o resto do anúncio se perdeu no esquecimento. Em 3 minutos, 59 e 4/10 de segundo, Roger Bannister havia rompido uma das maiores barreiras da história humana. E muito disso se devia à sua coragem de descansar.

Embora a fuga de Bannister para a floresta tenha sido um tanto extrema, a noção de fazer intervalos para facilitar o crescimento físico não é nada extrema. Perguntamos a Matt Dixon, técnico dos maiores triatletas do mundo, o que separa os melhores dos demais. A resposta, disse ele, é o descanso. É claro que é preciso um sábio como Dixon para equilibrar de forma eficaz o treinamento entre as três disciplinas do triatlo (natação, ciclismo, corrida), mas sua verdadeira mágica é convencer seus atletas a descansar.

Assim como os profissionais em qualquer setor de muitas exigências, os triatletas estão sempre dispostos a dar tudo de si. Eles veem os concorrentes fazendo treinos infinitos e sentem que sempre tem algo mais que poderiam fazer. Ao contrário das corridas puras, cujos atletas demonstram o receio de sofrer fraturas, o triatlo inclui os esportes de baixo impacto: natação e ciclismo. Nesses esportes, os atletas têm poucos motivos para se poupar, e muitos não o fazem. Como resultado, os triatletas, talvez mais do que qualquer outro tipo de atleta, sofrem de sobretreinamento e burnout. Mas não os atletas de Dixon.

Dixon nos conta, com certa relutância, que ficou conhecido como o "técnico da recuperação". Isso se deve em grande parte porque muitos atletas sobretreinados, abatidos e à beira do burnout o procuram para salvar suas carreiras. Dixon diz que a parte mais difícil de fazer com que os atletas descansem é convencê-los de que fazer isso será mais vantajoso do que treinos adicionais. Quando aceitam isso, fica fácil, de acordo com ele: "Os atletas começam a melhorar seu condicionamento e ter um desempenho melhor do que antes." Ele nos disse que, pela primeira vez em suas carreiras, "estão dando a seus corpos o tempo e o espaço para se adaptar ao estresse dos treinos".

*Apresentando o descanso como algo que sustenta o crescimento e a adaptação, os atletas de Dixon param de ver isso como algo passivo, como "não treinar". Dessa forma, o descanso se torna tão produtivo quanto um treino adicional.*

Para ajudar seus atletas a tomarem essa decisão crucial, Dixon apresenta o descanso como uma escolha ativa.* Quando elabora planos de treino para triatletas do Ironman, não há dias "leves" ou "de descanso". Porém, há várias "sessões de apoio". Apresentando o descanso como algo que sustenta o crescimento e a adaptação, os atletas de Dixon param de ver isso como algo passivo, como "não treinar". Dessa forma, o descanso se torna tão produtivo quanto um treino adicional. Essa mudança simples de mindset permite que Dixon faça o que poucos técnicos conseguem: convencer seus atletas a descansar. Como Bannister, os atletas de Dixon chegam às grandes provas não apenas mais condicionados, mas também mais descansados que os adversários. Eles vencem provas importantes não porque treinam mais do que os adversários, mas porque têm uma quantidade maior de descanso.

**EM UMA SOCIEDADE QUE** glorifica o esforço, os ganhos em curto prazo e chegar a extremos, é preciso ter coragem para descansar. Assim como Dixon faz com os triatletas que treina, talvez devamos reavaliar o descanso. Descansar não é sinal de preguiça, é um processo ativo em que ocorre o crescimento físico e psicológico. Para colher os benefícios do estresse, você precisa descansar.

No próximo capítulo, abordaremos a questão de qual é a melhor forma de descansar. Apresentaremos a ciência por trás das pausas de várias durações — de pausas curtas ao longo do dia até a importância crucial do sono e das férias prolongadas — e explicaremos como maximizar de forma estratégica as vantagens exclusivas de cada tipo. Esperamos que, quando descobrir como essas pausas podem ser práticas e poderosas, sinta-se melhor ao escolher ativamente fazer uma pausa.

---

* Dixon aproveita algo que os cientistas comportamentais chamam de viés de comissão, nossa preferência natural pela ação sobre a inatividade.

# 5

# DESCANSE COMO OS MELHORES

No Capítulo 3, discutimos as vantagens dos treinos intervalados, como no atletismo, em áreas muito além. Também apresentamos várias pesquisas que demonstram que, não importa a tarefa, nossa produção começa a sofrer após duas horas consecutivas de trabalho árduo. Aprendemos que nosso melhor trabalho acontece em ciclos de esforço intenso seguido por pausas curtas. No Capítulo 4, exploramos a prática de mindfulness e discutimos o valor de nos distanciarmos do trabalho para acessar o poder criativo de nossa mente subconsciente. É claro que há várias formas de nos afastarmos do trabalho, e nem todas são iguais. Navegar nas redes sociais, por exemplo, não é tão eficaz quanto uma caminhada.

Vamos analisar as vantagens específicas de tipos diferente de intervalo, com o apoio de histórias de pessoas brilhantes e da ciência. Começaremos considerando as pausas curtas que você pode usar durante o dia e terminaremos examinando o valor (e desafio) dos períodos mais longos de descanso. Pense nas próximas páginas como um cardápio de "descansos" que você pode escolher estrategicamente.

### PAUSAS PARA CAMINHAR

Em seu livro *A Guerra da Arte*, o premiado autor Steven Pressfield descreve suas caminhadas: "Levo um gravador portátil, porque sei que enquanto minha mente superficial esvazia com a caminhada, outra parte de mim acordará e começará a falar... A palavra 'olhar' na página 342 deveria ser 'encarar'; Você se repetiu no Capítulo 21. A última frase é igual a outra no meio do Capítulo 7." Como aprendemos no capítulo anterior, Pressfield não está sozinho. Vários grandes escritores e pensadores louvam suas pausas para caminhar.

Fazer um passeio não é útil apenas para pessoas criativas, como escritores, artistas e inventores. Quando Brad trabalhava em modelos financeiros complexos na McKinsey & Company, ele fazia caminhadas durante o dia, especialmente quando se sentia empacado. Quase sem erro, o que ele não conseguia desvendar olhando para a tela vinha até sua mente durante ou logo após uma caminhada.

Afastar-se do trabalho exige bastante coragem, especialmente quando o prazo está apertado. Às vezes simplesmente não há tempo para andar muito. A boa notícia é que até mesmo caminhadas curtas podem trazer grandes benefícios.

Em um estudo de nome inteligente, *Give Your Ideas Some Legs: The positive effect of walking on creative thinking* ["Dê Pernas às Suas Ideias: O efeito positivo do caminhar sobre o pensamento criativo", em tradução livre], pesquisadores da Universidade Stanford examinaram os efeitos de uma pausa curta para caminhada. Eles instruíram os participantes a fazerem caminhadas curtas ao ar livre, em locais fechados ou a não caminhar. Após a caminhada, avaliavam a criatividade dos participantes. Pediram a eles para gerar o maior número possível de usos não tradicionais para itens comuns. Por exemplo, um pneu poderia ser usado para boiar, como cesta de basquete ou como balanço. (Isso é chamado de Teste de Usos Alternativos de Guilford e é um método comum para medir a criatividade.) Os participantes que haviam feito caminhadas de meros seis minutos ao ar livre aumentaram sua criatividade em mais de 60% em comparação aos que haviam ficado sentados em suas mesas. Embora caminhar ao ar livre tenha gerado os benefícios mais consideráveis, caminhar em um local fechado ainda gerou cerca de 40% mais ideias criativas do que ficar sem

*Até mesmo caminhadas curtas podem trazer grandes benefícios.*

caminhar. Isso indica que, mesmo que não seja possível caminhar ao ar livre (por exemplo, no inverno, em locais sem calçadas etc.), dar algumas voltas pelo escritório ou subir em uma esteira traz muitos benefícios.

Inicialmente, os pesquisadores suspeitaram que o aumento de fluxo sanguíneo ao cérebro fosse responsável pelas vantagens das caminhadas. Porém, parece que as vantagens também derivam da interação entre o caminhar e a atenção. Como andar exige coordenação suficiente para ocupar a parte do cérebro responsável pelo pensamento esforçado, isso distrai ligeiramente nossa mente consciente. Como resultado, é mais fácil acessar nosso motor criativo, o subconsciente, ao caminhar. Isso explica por que essa atividade tende a ser mais eficaz para alimentar a criatividade do que outros movimentos que exigem mais foco e coordenação, como dançar ou levantar peso. Andar nos ocupa o suficiente para que paremos de pensar no que estávamos trabalhando, mas não a ponto de impedir que a mente divague. É o caminho perfeito para chegar à mente subconsciente e estimular as descobertas criativas que podem nos ajudar a superar um bloqueio mental.

*Andar é o caminho perfeito para chegar à mente subconsciente e estimular as descobertas criativas que podem nos ajudar a superar um bloqueio mental.*

Além das vantagens cognitivas, pausas para caminhar também são ótimas para a saúde física. Você já deve ter ouvido falar que "ficar sentado é tão ruim quanto fumar". Passar longos períodos sentado, sem interrupção, é terrível para a saúde e pode até mesmo anular o ganho dos exercícios. Por sorte, estudos recentes mostram que uma caminhada de apenas dois minutos a cada hora protege contra vários dos efeitos nocivos de ficar sentado. Um estudo demonstrou que essas caminhadas curtas reduzem o risco de morte prematura (ou seja, "mortalidade geral", ou qualquer causa de morte) em 33%. Na Grécia antiga, quando a cultura ateniense estava em seu auge, Platão e seus contemporâneos não separavam a educação e o desenvolvimento físico do intelectual. Os sábios filósofos sabiam de algo que estamos redescobrindo agora: mente sã e corpo são andam lado a lado.

## 100% NATURAL

Em 2008, um psicólogo da Universidade de Michigan, o Dr. Marc Berman, procurou explorar por que vários grandes criadores, de Da Vinci a Darwin, diziam se inspirar na natureza. Para testar se há mesmo uma conexão forte entre a natureza e a criatividade, Berman recrutou estudantes de graduação e os dividiu em dois grupos. Os dois grupos passaram pela mesma série inicial de tarefas cognitivas rigorosas. Após terminarem, um dos grupos fez uma pausa em um parque isolado, enquanto o outro grupo fez uma pausa em um ambiente urbano movimentado. Em uma série posterior de tarefas cognitivas exigentes, os alunos que haviam feito a pausa em um ambiente natural tiveram desempenho melhor do que os que fizeram a pausa no ambiente urbano.

Talvez você esteja pensando: "Certo, mas ter acesso a um parque isolado no meio do dia não é tão fácil." Não se preocupe — apenas observar imagens da natureza pode ajudar. Em um segundo experimento, Berman pediu aos alunos para cumprirem o mesmo processo, mas dessa vez, em vez de saírem do recinto, eles foram instruídos a observar imagens (por apenas seis minutos) de áreas naturais ou urbanas. O resultado foi o mesmo: os alunos que viram imagens da natureza tiveram desempenho significativamente superior aos colegas observadores urbanos.

Berman teorizou que a natureza nos faz sentir bem e melhora nosso humor de maneira intrínseca, acelerando nossa transição do estresse do trabalho árduo a um estado de descanso e promovendo o vagar da mente e a criatividade subsequente. Mesmo que tudo que você possa fazer seja alternar as janelas do computador, tente ler uma matéria da *National Geographic* ou da *Outside*, com imagens da natureza, em vez de olhar seu Facebook ou Twitter.

A exposição à natureza ajuda não apenas a criatividade, mas também reduz os níveis de Interleucina 6 (IL-6), molécula associada à inflamação do corpo. Níveis menores de IL-6 podem prevenir o tipo nocivo e crônico de inflamação que costuma derrubar atletas dedicados. De acordo com um estudo publicado na revista *Emotion*, mais do que qualquer outra sensação positiva, a admiração, emoção normalmente causada pela natureza, está ligada a níveis menores de IL-6. Perguntamos à principal autora do estudo, a Dra. Jennifer Stellar, o que poderia estar acontecendo. Como algo tão simples quanto estar na natureza ou apenas observar imagens da natureza pode alterar nossa biologia? Stellar nos disse que "sentir admiração nos deixa mais conectados ao universo e mais humildes". De acordo com ela, esses sentimentos "provavelmente ajudam a 'desligar' nossa resposta ao estresse, reduzindo assim a inflamação".

Após seu próximo treino puxado ou dia estressante de trabalho, considere sentar-se em um parque antes de correr para um banho gelado, tomar anti-inflamatórios ou consumir suplementos inovadores para relaxamento. Como disse a mãe de Cheryl Strayed, no popular livro e filme *Livre*, quando estiver se sentindo triste, "coloque-se no caminho da beleza".

## MEDITAÇÃO

Anteriormente, discutimos como a meditação mindfulness, a prática de sentar e se concentrar apenas na sua respiração, pode acelerar a transição do estresse para o descanso. A meditação mindfulness fortalece o córtex pré-frontal, que é a parte do seu cérebro que permite *escolher* como responder ao estresse. Assim, recomendamos uma prática de meditação diária para treinar seu músculo da atenção. Além disso, a meditação não planejada pode ser de grande valor em pausas curtas durante trabalhos física ou mentalmente cansativos.

Se você estiver tenso por ter que terminar um memorando em um prazo curto ou porque está fazendo séries puxadas na academia, a meditação mindfulness pode ajudar a melhorar seu desempenho. A sensação de tensão é a manifestação fisiológica da mente se preparando para uma ameaça e entrando no modo de estresse. Se continuar estressado após uma pausa (ao se afastar do teclado ou dos halteres), você perderá boa parte da eficácia do intervalo. Não é difícil saber se seu intervalo foi prejudicado por um resto de estresse. Geralmente é possível sentir nos ombros (estão erguidos?), antebraços (estão flexionados?) e mandíbula (está apertada?). Se estiver sentindo essas sensações, deveria considerar uma pausa rápida de meditação mindfulness. Sente-se em uma posição confortável, feche os olhos e respire profundamente dez vezes pelo nariz. Concentre-se apenas na sensação da respiração. Dor física, rigidez e pensamentos negativos podem surgir. Se acontecer, não os ignore. Pelo contrário, aceite-os sem julgar, deixe-os partir e volte a se concentrar na respiração.

Após respirar dez vezes, você pode continuar se concentrando exclusivamente na respiração pelo resto do intervalo. Ou pode optar por trocar por uma técnica chamada de meditação de "monitoramento aberto", muitas vezes chamada de "avaliação corporal". Na meditação de monitoramento aberto, embora continue respirando ritmadamente, você alterna seu foco da respiração para várias partes do corpo. Comece pelos pés e vá subindo. Concentre-se na sensação dos pés dentro dos calçados, sua pele contra a cadeira (ou suas roupas), seus músculos relaxando, seu coração batendo. Estudos mostram que sete a dez minutos de meditação de monitoramento aberto ajudam a recuperação fisiológica e a criatividade.*

> *Se você estiver tenso por ter que terminar um memorando em um prazo curto ou porque está fazendo séries puxadas na academia, a meditação mindfulness pode ajudar a melhorar seu desempenho.*

## RECUPERAÇÃO SOCIAL

Um de nós (Steve) já tentou várias formas de acelerar a recuperação dos atletas que treina após exercícios intensos, mas a mais eficaz de todas é de longe a interação social. Isso mesmo — o segredo de Steve não é massagem, compressão ou crioterapia. É cultivar ambientes divertidos e descontraídos, em que os atletas possam relaxar juntos. Após competições ou treinos especialmente puxados, Steve de certa forma exige que seus atletas participem de cafés da manhã, almoços ou noites de filmes/jogos com a equipe. Estudos recentes e fascinantes sustentam isso.

---

* É importante reforçar que o monitoramento aberto é diferente da meditação mindfulness, que foca apenas a respiração. Embora a primeira seja ótima para pausas curtas, não deve substituir a segunda. A meditação mindfulness é uma prática diária poderosa que permite que você escolha como responder ao estresse ao longo do dia, todos os dias. Por isso recomendamos incorporar a meditação mindfulness em sua vida diária, independentemente das pausas.

A relação de testosterona para cortisol é um bom indicador da recuperação sistêmica (quanto maior a relação, melhor). Um estudo da Bangor University, no Reino Unido, descobriu que essa relação era maior em atletas que passavam sua análise pós-jogo em um ambiente social, com amigos, do que nos que faziam isso em um ambiente neutro, com estranhos. Além disso, o grupo no ambiente social também teve um desempenho melhor em competições uma semana depois. O principal autor do estudo, o Dr. Christian Cook, professor de fisiologia e desempenho de elite na Bangor University, disse que "um cenário amigável pós-exercício — particularmente poder conversar, fazer piadas e relaxar com outros atletas — parece ajudar na recuperação e no desempenho futuro".

Quando contamos isso à Dra. Kelly McGonigal (a professora da Universidade Stanford e especialista em estresse que conhecemos no Capítulo 3), ela não ficou surpresa. "A biologia básica de sentir-se conectado aos outros tem efeitos profundos na fisiologia do estresse", disse ela. Os efeitos da conexão social incluem uma variabilidade da frequência cardíaca (VFC) maior, mudança do sistema nervoso para o modo de recuperação e liberação de hormônios como oxitocina e vasopressina, que têm propriedades anti-inflamatórias e antioxidantes. "O mais louco", diz McGonigal, "é que a oxitocina ajuda a restaurar o coração. É muito poético que sentir conexão com outras pessoas literalmente cure um coração partido".

> *"A biologia básica de sentir-se conectado aos outros tem efeitos profundos na fisiologia do estresse... É muito poético que sentir uma conexão com outras pessoas literalmente cure um coração partido."*

Embora possamos usar a recuperação social durante o dia, ela só é eficaz se o ambiente for relaxado. Tomar café com um colega para falar de trabalho não será muito benéfico. É por isso que recomendamos essa estratégia para o fim do dia de trabalho. Mas não significa que isso é fácil. Quando estamos nos sentindo estressados, nossa inclinação natural costuma ser nos fechar e buscar um isolamento do mundo exterior. Nos piores casos, o estresse perdura e cresce, e corremos o risco de entrar em um círculo vicioso de ruminação: basta perguntar a um atleta que terminou um treino intenso e não se sente muito bem com isso, um artista que não criou nada no estúdio ou um executivo que teve um dia difícil no escritório. Mesmo se não quisermos ser sociáveis sempre, as vantagens de nos rodearmos de amigos para relaxar são enormes, *especialmente* depois de situações exigentes.

| Práticas de Desempenho |
|---|
| • Tenha a coragem de fazer pausas durante o dia, *especialmente* se estiver empacado ou sentindo um estresse insuportável; quanto mais intenso é o trabalho, mais frequentes serão as pausas.<br>• Faça uma caminhada de pelo menos seis minutos para aumentar a criatividade e reduzir os efeitos nocivos de ficar sentado. Se puder, caminhe ao ar livre, mas até mesmo algumas voltas pelo escritório trazem grandes benefícios.<br>• Coloque-se no caminho da beleza. Ficar na natureza ou simplesmente observar imagens da natureza ajuda na transição do estresse ao descanso e promove o pensamento criativo.<br>• Medite. Comece com algumas respirações atentas, concentrando-se apenas na respiração. Então, considere alternar para a meditação de monitoramento aberto, analisando seu corpo e focando sua atenção em todas as suas sensações.<br>• Passe um tempo entre amigos! Após um trabalho árduo — seja com o corpo ou a mente —, rodear-se de amigos em um ambiente relaxado altera fundamentalmente sua biologia do estresse para o descanso. |

Sim, é isso mesmo, acabamos de oferecer embasamento científico para beber com os amigos. (Nota: Nós não dissemos "happy hour". O happy hour costuma ser um momento em que pessoas que trabalham juntas saem para lamentar sobre o trabalho. Então, muitas vezes essas horas não são felizes. Em vez disso, passe um tempo com seus amigos.)

## SONO

Se você está sempre cansado e sabe que não dormiu o suficiente, não está sozinho nessa. Você tem muita companhia; cerca de 195 milhões de norte-americanos, para ser mais exato. É isso mesmo, impressionantes 65% dos norte-americanos dormem menos do que as sete a nove horas de sono recomendadas pelos médicos todas as noites. Quarenta por cento dormem menos de seis horas. Nem sempre foi assim. Em 1942, o norte-americano comum dormia 7,9 horas por noite. Hoje, o número caiu para 6,8 horas.

Boa parte da nossa perda coletiva de sono, se não toda ela, tem relação com as tecnologias que nos mantêm conectados o tempo todo e nos permitem trabalhar a qualquer hora. Sentimos uma compulsão por ficar online e uma pressão de produzir mais e mais. "Não temos horas suficientes no dia", dizemos a nós mesmos, por isso começamos a trabalhar durante a noite. Isso é especialmente real no mundo corporativo, no qual é muito comum ouvir histórias exaltando CEOs que "só precisam dormir quatro horas por noite". (A história muda quando perguntamos a esses CEOs se eles estão felizes com a vida que levam ou ao examinar sua estabilidade nos cargos.) Na realidade, trabalhar logo antes da hora de dormir é uma ideia terrível. Isso porque, mesmo que terminemos o trabalho em um horário razoável, as telas que olhamos nos mantêm acordados por horas depois disso.

A maioria dos dispositivos digitais com telas, quer sejam computadores, smartphones, iPads ou televisores — em outras palavras, praticamente tudo o que olhamos à noite —, emite algo chamado de luz azul. De todos os tipos de luz artificial que influenciam o sono, a variedade azul é, de longe, a pior. Embora possamos nos recuperar após entrar em uma sala com as lâmpadas acesas, é muito mais difícil nos recuperarmos após ficar olhando para uma tela. A luz azul desregula totalmente nosso ritmo circadiano (o relógio biológico do corpo). Dependendo de quando somos expostos a ela, a luz azul pode mudar nossos relógios internos em até seis fusos horários. É por isso que, quando temos uma ideia criativa no meio da noite, é melhor anotá-la em um caderno de papel e não correr até o computador e começar a trabalhar nela. Isso também serve como advertência contra o hábito cada vez mais comum de verificar o smartphone durante a noite.

Em um estudo recente para examinar os efeitos nocivos da luz azul, pesquisadores de Harvard pediram aos participantes para lerem um livro tradicional ou um e-book emissor de luz azul quatro horas antes de irem dormir. Após cinco dias consecutivos lendo dessa forma, as diferenças entre os dois grupos eram gritantes. Aqueles que leram o e-book afirmaram sentir bem menos sono quando chegava a hora de dormir. Essa sensação tinha raízes em sua bioquímica. Ao contrário de quem leu o livro tradicional, os leitores do e-book apresentavam um atraso de noventa minutos até que seus corpos liberassem melatonina, o hormônio que nos deixa sonolentos. Embora não tivessem viajado por vários fusos horários, seus relógios internos achavam que sim. Seus ritmos circadianos haviam mudado drasticamente, dificultando pegar no sono e deixando-os com menos sensação de descanso (ou mais torpor) ao acordar. O mais preocupante é que esses efeitos surgiram com apenas cinco dias de uso de um dispositivo emissor de luz azul *quatro horas* antes de dormir. Sem mencionar que esses efeitos profundos surgiram da *leitura por lazer*. Podemos imaginar que os resultados seriam bem piores se a tarefa fosse enviar e-mails ou trabalhar em documentos com prazo. Apenas a luz azul já é prejudicial. Se combinada a uma mente inquieta, fica fácil perceber por que dormimos menos do que no passado.

*Pensamos que estamos perdendo muito ao dormir, mas na verdade perdemos muito mais ao não dormir. Dormir é uma das coisas mais produtivas que podemos fazer.*

No fim desta seção, recomendaremos que você limite a luz azul antes da hora de dormir e ofereceremos mais algumas dicas para melhorar suas noites de sono, mas primeiro temos a obrigação de reverter uma noção muito comum. Pensamos que estamos perdendo muito ao dormir, mas na verdade perdemos muito mais ao não dormir. Dormir é uma das coisas mais produtivas que podemos fazer. Nosso crescimento não acontece quando estamos na academia ou mergulhados no trabalho: crescemos enquanto dormimos.

### O Sono e Nossa Mente Crescente

Podemos fazer todo o trabalho do mundo quando estamos acordados, mas, se não dormirmos, muito do seu valor se perde. Literalmente. Isso porque uma das principais vantagens do sono é o papel que ele tem em como consolidamos e armazenamos — ou seja, como lembramos de — informações novas. O papel essencial do sono no aprendizado é uma descoberta relativamente recente. O Dr. Robert Stickgold, reconhecido pesquisador do sono em Harvard, disse à revista *New Yorker* que, até recentemente, as pessoas achavam que "a única função conhecida do sono era curar a sonolência". Isso mudou bastante desde a virada do século, em grande parte graças à pesquisa de Stickgold.

Em 2000, Stickgold publicou os resultados de um experimento inteligente que mudaria para sempre o que pensamos do sono. Stickgold convidou três grupos de pessoas para mergulharem no jogo de computador *Tetris*, jogando-o sete horas por dia, três dias seguidos. Um grupo já havia jogado *Tetris* antes, outro grupo conhecia o jogo e um terceiro grupo não conseguia lembrar se já havia jogado antes — esse grupo sofria de amnésia grave, literalmente.

Durante as três noites do experimento, os participantes do estudo eram acordados repetidamente e questionados sobre o que estavam sonhando. Na maioria das vezes, a resposta era *Tetris*. Até as pessoas com amnésia afirmavam sonhar com *Tetris*. Embora não conseguissem lembrar nada do experimento no dia seguinte, as pessoas com amnésia lembravam-se de sonhos com formas e padrões cadentes. Stickgold provou que, durante o sono, em um nível muito profundo, processamos as experiências e informações que reunimos enquanto estamos acordados. Ao dormir e, especialmente, ao sonhar, o cérebro revisa as inúmeras coisas a que fomos expostos durante o dia — os carros que vimos no estacionamento, o arco dramático da série de TV a que assistimos, as ideias que geramos, as pessoas que conhecemos e assim por diante — e decide o que deve ser armazenado na memória. Ele também descobre onde, em nossa rede de conhecimento, armazenar essas coisas.

Desde o estudo inaugural de Stickgold, vários outros já demonstraram que avaliamos, consolidamos e retemos informações durante o sono. Agora sabemos que o sono não é importante apenas para processar conhecimento intelectual, mas também para codificar experiências emocionais. Em todas as nossas conversas com artistas, o sono era ligado a períodos de alta criatividade e fogo emocional. Isso não é nada surpreendente. Pesquisas mostram que o sono melhora a vivacidade de como processamos e relembramos eventos emocionais. Na realidade, considerando a quantidade de atividade emocional que ocorre durante o sono, os cientistas começaram a se perguntar se a insônia não é apenas um resultado de vários distúrbios emocionais, mas também uma *causa*. Assim como o sono nos ajuda a interpretar informações, também nos ajuda a interpretar nossas emoções.

O sono também afeta o autocontrole. Em uma análise de diversos estudos, pesquisadores da Universidade Clemson constataram que pessoas com deficiência crônica de sono têm menos autocontrole e correm risco maior de "sucumbir a desejos impulsivos, baixa capacidade de atenção e tomada de decisões comprometida". Pessoas que não dormem o suficiente (de sete a nove horas por noite) têm um pior desempenho em praticamente tudo o que exige esforço e atenção, quer seja resolver problemas complexos, aprender uma nova habilidade ou seguir uma dieta. É como se o sono não ajudasse apenas a extrair o máximo do que você fez hoje, mas também desse a energia para os desafios que pretende enfrentar amanhã. Nas palavras de Matt Dixon, o técnico de triatlo que defende o valor do descanso, o sono é a "sessão de apoio" mais importante que existe.

> *Existe um retorno marginal crescente no sono. As horas sete a nove — as que a maioria de nós não atinge — são as mais poderosas.*

Quase todas as vantagens do sono ocorrem nos estágios tardios, principalmente durante o chamado REM ou movimento rápido dos olhos. Passamos apenas de 20% a 25% de nosso tempo total de sono em REM. Um fator interessante é que, quanto mais tempo dormimos, maior a proporção que passamos em REM. Isso ocorre porque o tempo de REM aumenta a cada ciclo de sono. Em outras palavras, existe um retorno marginal crescente no sono. As horas sete a nove — as que a maioria de nós não atinge — são as mais poderosas.

Mais uma vez, "descansar" provou ser algo nada passivo. Como disse uma de nossas escritoras científicas favoritas, Maria Konnikova, em sua maravilhosa série sobre sono na revista *New Yorker:*[*] "Ao dormir, nossos cérebros reprisam, processam, aprendem e extraem sentido. De certa forma, eles pensam."

Vamos parar um instante para refletir sobre isso no contexto da equação estresse + descanso = crescimento. Durante nossas horas acordados, somos expostos a todos os tipos de estímulos psicológicos (estresse) e durante nosso sono (descanso), interpretamos tudo. Como resultado, estamos literalmente mais evoluídos quando acordamos na manhã seguinte. Enquanto dormimos, crescemos. E não desenvolvemos apenas nossos músculos cognitivos e emocionais, mas os físicos também.

> *Enquanto dormimos, crescemos. E não desenvolvemos apenas nossos músculos cognitivos e emocionais, mas os físicos também.*

## O Sono e Nosso Corpo Crescente

Nos últimos anos, Brad teve o privilégio de entrevistar mais de quarenta atletas de primeira classe para uma série da revista *Outside* sobre os hábitos de pessoas de alto desempenho. Entre eles, alguns dos melhores corredores, esquiadores, ciclistas, surfistas, caiaquistas e alpinistas do mundo. Para sua surpresa, Brad percebeu uma grande variabilidade em seus hábitos diários. Alguns fazem ioga com regularidade, outros nunca fizeram alongamento. Alguns são veganos e não comem glúten, outros fazem da carne vermelha o centro de suas dietas. Alguns tomam banhos gelados, outros preferem o quente. Porém, um assunto em que existe conformidade total é o sono. Os melhores atletas do mundo dão prioridade ao sono da mesma forma que priorizam os treinos mais puxados e as competições mais importantes. Mirinda Carfrae, tricampeã e recordista do torneio Ironman, disse a Brad: "Dormir pode ser a coisa

> *Os melhores atletas do mundo dão prioridade ao sono da mesma forma que priorizam os treinos mais puxados e as competições mais importantes.*

---

[*] A série de Konnikova, em três partes, mudou a forma como nós dois encaramos o sono. Recomendamos que você a leia. Consulte as referências, na página 215, para mais detalhes.

mais importante que eu faço." Ela falava sério e com um bom motivo. De acordo com os estudos mais recentes sobre desempenho, a maioria de nós poderia se beneficiar do mindset de Carfrae.

Como aprendemos no Capítulo 2, ao estressar nossos corpos, entramos em algo que é chamado de estado "catabólico". Nossos músculos e até nossos ossos se quebram em microescala. O hormônio cortisol é liberado, dizendo ao corpo: "Socorro! Não conseguimos lidar com esse estresse." Ficamos cansados e doloridos, a forma natural do corpo nos informar que é hora de descansar. Se ignorarmos o descanso e continuarmos forçando, essa quebra continua e finalmente nossa saúde e nosso desempenho pioram. Mas se ouvirmos e permitirmos que o corpo descanse, ele passa do estado catabólico para o estado anabólico, no qual o corpo é restaurado e reconstruído, para que volte mais forte. Ou seja, o estresse de um treino físico pesado nos quebra, e só quando seguimos o estresse com descanso é que a adaptação e o crescimento ocorrem. Isso é especialmente verdade com o sono, que é o catalisador do crescimento físico. Assim como o cérebro processa ativamente o trabalho que realizamos durante o dia, quando dormimos o corpo faz o mesmo.

Depois de dormirmos por pelo menos uma hora, hormônios anabólicos começam a inundar nosso sistema. A testosterona e o hormônio do crescimento humano (HGH), ambos essenciais para o crescimento muscular e ósseo, são liberados após o primeiro ciclo de REM e continuam elevados até acordarmos. Esses hormônios incluem a síntese de proteínas ou a geração de proteínas especificamente projetadas para facilitar a restauração física.* Isso significa que boa parte da proteína ingerida pelos atletas, contada grama a grama durante o dia, é desperdiçada se eles não dormirem o suficiente.

*Se estiver em busca da fonte da juventude ou tomando vários tipos de suplementos malucos, já pode parar. Basta entrar debaixo das cobertas e fechar os olhos.*

De forma semelhante às vantagens do sono para nossos cérebros, as vantagens para nossos corpos também aumentam com sua duração. Isso porque,

---

* Estudos mostram que ingerir de vinte a trinta gramas de proteína antes de dormir aumenta a síntese noturna de proteínas. Por isso, muitos atletas de ponta que observaram isso ingerem uma bebida proteica à base de whey ou caseína antes de dormir.

a cada ciclo de sono adicional, recebemos outro pulso de hormônios anabólicos poderosos. Ou seja, você recebe mais dos mesmos hormônios pelos quais inúmeros atletas arriscaram sua saúde, reputação e carreira (injetando esteroides sintéticos, isto é, com doping), simplesmente dormindo algumas horas a mais. É claro que a testosterona e o HGH liberados durante o sono não são sintéticos e são equilibrados por outros hormônios que ocorrem naturalmente. Ao contrário dos esteroides ilegais, eles são ótimos para a saúde. Se estiver em busca da fonte da juventude ou tomando vários tipos de suplementos malucos, já pode parar. Basta entrar debaixo das cobertas e fechar os olhos.

Com tantas vantagens, não é surpreendente que os melhores atletas do mundo deem prioridade ao sono. Não significa que eles dormem porque são atletas de ponta. Eles são atletas de ponta porque dormem.

Infelizmente, muitas pessoas ativas não seguem o exemplo dado pelos melhores atletas. Elas caem na armadilha de pensar que é melhor treinar um pouco mais e sacrificam seu sono para isso. Esse tipo de raciocínio é especialmente presente em pessoas muito ocupadas, como atletas amadores (que trabalham) e estudantis (que estudam). Não entenda mal: é absolutamente necessário treinar com afinco para melhorar. Sem o estímulo do estresse, podemos descansar o quanto quisermos e não haverá crescimento. Mas encaixar uma horinha a mais de treino à custa do sono raramente é uma boa ideia.

Um lugar que entende o valor do sono para atletas ocupados é a Universidade Stanford. Em um estudo de 2011, os jogadores do time de basquete foram instruídos a manter sua rotina usual de sono por um período de duas a quatro semanas durante as quais os dados de linha de base sobre o desempenho eram coletados. Medidas de desempenho específicas do basquete — como velocidade de corrida, precisão de arremesso e tempo de reação — eram registradas a cada treino. Após o período inicial de base, os jogadores foram instruídos a dormir o máximo possível nas próximas seis a sete semanas. Os pesquisadores disseram aos atletas para buscarem um *mínimo* de dez horas, prometendo que haveria vantagens no desempenho. Os astros das cestas ouviram: em média, dormiram por uma hora e cinquenta minutos a mais por noite. Após o período de aumento do sono, os jogadores foram reavaliados em todas as medidas de desempenho. Os resultados foram enormes. Eles corriam 4% mais rápido, acertavam lances livres e cestas de três pontos com 9% mais precisão e demonstravam um tempo de reação significativamente mais rápido. Lembre-se de que não eram estudantes do ensino fundamental ou médio. Eram atletas de uma potência da primeira divisão. Esse nível de aumento no desempenho foi nada menos do que extraordinário. O sono extra também se traduziu em vitórias na quadra. Em 2011 (ano do estudo), o time de Stanford venceu 26 jogos (subindo de apenas 15 no ano anterior) e venceu o título da National Invitation Tournament (NIT). Depois disso, veio uma participação na NCAA Sweet 16 em 2012 e outro título da NIT em 2014.

Para provar que não era um golpe de sorte, os mesmos pesquisadores replicaram o experimento com a equipe de natação. Os resultados foram idênticos. Após o período de aumento no sono, o desempenho dos nadadores decolou. Eles explodiram mais, reagiram mais rápido na largada, melhoraram o tempo de virada e o volume das pernadas. De acordo com a principal autora dos estudos, Cheri Mah: "Muitos dos técnicos de Stanford estão definitivamente mais cientes da importância do sono. Eles começaram até a ajustar seus cronogramas de treinos e viagens para permitir hábitos de sono adequados. Para vários atletas e técnicos, nesse estudo foi a primeira vez que eles entenderam realmente o tamanho do impacto que o sono tem sobre o desempenho e os resultados." Se uma instituição com uma das melhores combinações de atletas e pesquisadores do mundo diz que devemos dormir mais para melhorar nosso desempenho físico, talvez devamos ouvi-la.

## SONECAS

Não importa o que digam todos os "hackers da vida", sonecas *não* compensam um sono insuficiente à noite. Não é possível tirar sonecas para crescer, seja física ou psicologicamente. Isso posto, sonecas ajudam a restaurar a energia e a concentração nas calmarias do dia, então é uma estratégia a se considerar para dias longos e intensos.

Um corpo de pesquisa crescente demonstra que as sonecas podem melhorar o desempenho, a atenção, a concentração e o julgamento. Considerando que todos esses atributos são cruciais para alguém em uma estação espacial em órbita da Terra, não é surpresa que a NASA tenha se interessado em descobrir os benefícios das sonecas. Quando cientistas da NASA realizaram estudos com astronautas, descobriram que uma soneca de 25 minutos melhorava o julgamento em 35% e a vigilância em 16%. Portanto, não é de se surpreender que a NASA incentive um cochilo vespertino. Em outro estudo, mais relevante para a maioria de nossas situações terrenas, os pesquisadores compararam sonecas com café. Eles descobriram que pessoas que tiram uma soneca de 15 a 20 minutos acordam mais alertas e têm desempenho melhor no restante do dia do que aquelas que, no lugar da soneca, bebem 150 miligramas de cafeína, aproximadamente a mesma quantidade de um café grande do Starbucks.

Quando tiramos sonecas curtas, a parte do nosso cérebro que está sempre ligada quando estamos acordados tem uma chance de fazer uma pausa. Assim como um músculo fatigado se recupera durante uma pausa para respirar, o mesmo ocorre com essa parte do cérebro. Em uma análise crítica da eficácia das sonecas, cientistas do sono constataram que uma soneca de dez minutos gera os maiores benefícios, embora a maioria dos especialistas diga que qualquer número abaixo de trinta minutos é eficaz. Mesmo que não pegue no sono, basta fechar os olhos para desligar seu cérebro ativo, permitindo que ele se recupere. Porém, continuar dormindo por mais de trinta minutos pode ser contraproducente. Isso porque em sonecas mais longas, corremos o risco de acordar ainda mais letárgicos e dispersos do que antes de dormir. Essa condição, chamada de "inércia do sono", ocorre quando somos acordados no meio de um ciclo de sono profundo. A letargia corporal é o jeito natural do corpo e do cérebro nos dizerem para voltar a dormir para que terminem o que começaram. (Por isso o termo "inércia".) O sono profundo não costuma começar antes de cerca de 30 minutos, por isso os especialistas sugerem que esse seja o limite máximo de duração de uma soneca.*

---

* Em algumas situações, tirar uma soneca mais longa, de noventa minutos a duas horas, pode fazer sentido. Sonecas mais longas simulam, para o cérebro e para o corpo, o que acontece durante o sono noturno. Infelizmente, sonecas mais longas também podem interferir no sono noturno, que é muito mais importante. Por isso, a maioria dos especialistas só recomenda sonecas longas para pessoas que precisam mesmo de um sono profundo durante o dia, de forma a não interferir no seu sono noturno. Atletas de elite que cumprem regimes forçados de dois treinos por dia são um bom exemplo de um grupo que poderia se beneficiar de sonecas mais longas. O famoso fundista norte-americano Meb Keflezighi afirma utilizar um arsenal completo de sonecas, variando de quinze a noventa minutos de duração.

### Práticas de Desempenho

- O sono é produtivo.
- Tente dormir pelo menos sete a nove horas por noite. Para quem realiza atividade física intensa, dez horas *não* é demais.
- A melhor maneira de descobrir a quantidade certa de sono para você é passar de dez a quatorze dias dormindo quando estiver cansado e acordando sem despertador. Faça a média de tempo dormido. É disso que você precisa.
- Para uma noite melhor de sono, siga estas dicas, agrupadas pelos maiores pesquisadores do mundo:
    - √ Certifique-se de ficar exposto à luz natural (ou seja, não elétrica) durante o dia. Isso o ajudará a manter um ritmo circadiano saudável.
    - √ Faça exercícios. A atividade física rigorosa nos deixa cansados. Quando estamos cansados, dormimos. Mas não faça exercícios perto da hora de dormir.
    - √ Limite o consumo de cafeína e elimine-a totalmente entre cinco e seis horas antes de dormir.
    - √ Use a cama apenas para dormir e fazer sexo. Não para comer, assistir à TV, trabalhar no notebook ou qualquer outra atividade. A única exceção é ler um livro físico antes de dormir.

Da próxima vez que estiver sofrendo para ficar de olhos abertos no meio ou fim da tarde, experimente tirar uma soneca rápida. Empresas progressistas, como o Google e a Apple, têm quartos específicos para sonecas. Alguns dos grandes pensadores da história, incluindo Albert Einstein e Winston Churchill, eram grandes defensores da soneca do meio-dia.

- √ Não beba álcool perto da hora de dormir. Embora o álcool possa acelerar o início do sono, ele costuma prejudicar os períodos posteriores, mais importantes.
- √ Limite a exposição à luz azul à noite.
- √ Não comece a trabalhar em atividades pesadas e estressantes — mentais ou físicas — após o jantar.
- √ Se estiver com a mente inquieta, tente incluir uma sessão rápida de meditação mindfulness antes de dormir.
- √ Quando sentir-se sonolento, não lute contra isso. O que você está fazendo pode esperar até a manhã seguinte.
- √ Mantenha o quarto o mais escuro possível. Se possível, considere cortinas com blecaute.
- √ Mantenha o smartphone FORA do quarto. Não no silencioso. Fora.

• Tente tirar uma soneca de dez a trinta minutos para ajudar a recuperar a energia e o foco se tiver um momento de calmaria à tarde.

## PAUSAS LONGAS

No final deste ano, Bernard Lagat, um dos melhores corredores norte-americanos da história, fará uma pausa. Por cinco semanas, deixará os tênis pendurados e não fará quase nenhum exercício. Isso não é algo novo ou causado pela idade desse atleta de 43 anos. Na verdade, parte do motivo para que Lagat, que correu em cinco Olimpíadas e venceu dois campeonatos mundiais, permaneça no topo da cena internacional das pistas é *devido* a essa pausa que ele faz todos os anos, desde 1999. "O descanso é uma coisa boa", diz ele.

Lagat diz que o crédito por manter-se física e psicologicamente saudável ao longo dos anos é de seu descanso anual. O período longo de inatividade permite que seu corpo se recupere das cansativas semanas de 128km de corrida. Embora a pausa de fim de ano de Lagat seja mais longa, quase todos os seus colegas no topo das corridas fazem algo parecido, variando de dez dias a cinco semanas. Leo Manzano, medalhista de prata olímpica nos 1.500 metros, disse recentemente ao *Wall Street Journal* que ele também precisa de pelo menos um mês para se recuperar após a temporada. Seu raciocínio é simples: "A sensação é a de que eu não paro desde novembro."

Pare por um instante e se pergunte: você já se sentiu como Manzano? Se sim, tirou um mês de férias? Descansou ao menos no fim de semana? Como mencionamos na Introdução deste livro, para a grande maioria dos norte-americanos, a resposta para essas duas perguntas é "não". Trabalhamos regularmente nos fins de semana e raramente usamos nossos dias de férias, muito menos tiramos férias longas. Ficamos presos no pensamento de que, se não trabalharmos com afinco o tempo todo, seremos superados pela concorrência. Nosso pensamento errôneo é resultado de anos de condicionamento. Nós (Brad e Steve) lembramos de crescer ouvindo frases inspiradoras populares, como: "Se não estiver praticando, lembre-se de que em algum lugar tem alguém que está, e se encontrar essa pessoa, ela vencerá." Infelizmente, perdemos a noção de trabalhar com *inteligência* em preferência a trabalhar *pesado*, o que quase sempre é confundido com trabalhar *mais*.

Mas a questão é a seguinte: se nunca tivermos períodos "leves", nunca conseguiremos pisar fundo e os períodos "pesados" acabam não sendo nada pesados. Ficamos presos em uma zona cinza, nunca nos estressando realmente, mas sem descansar também. Esse círculo vicioso costuma ser descrito por um nome muito menos cruel — "cumprindo tabela" —, mas não deixa de ser um grande problema. Isso porque

---

*Se nunca tivermos períodos "leves", nunca conseguiremos pisar fundo e os períodos "pesados" acabam não sendo nada pesados.*

poucas pessoas crescem quando estão cumprindo tabela. Para podermos dar o máximo durante um longo período sem chegar à exaustão, temos que ser mais como Bernard Lagat: de vez em quando, temos que pegar *muito* leve. Além de seu intervalo de fim de ano, Lagat também tira um dia de folga ao fim de cada semana de treino puxado. Em seus dias de folga, ele nem pensa em correr. Pelo contrário, se envolve apenas em atividades que relaxam e restauram seu corpo e mente, como massagens, alongamentos leves, assistir a suas séries favoritas, beber vinho e brincar com seus filhos.

Não estamos sugerindo que você tire folgas e férias longas sem planejamento. Na verdade, no mesmo espírito de Lagat, recomendamos que inclua períodos longos de descanso de forma estratégica após períodos longos de estresse. A semana de trabalho moderna, de segunda a sexta-feira, foi essencialmente baseada nessa premissa. O conceito de "fim de semana" surgiu no início do século XX para acomodar o Sabá cristão e judaico, as versões religiosas dos dias de descanso. Porém, atualmente poucos de nós observam o Sabá — religiosa ou simbolicamente. Em vez disso, continuamos trabalhando nos mesmos projetos em que trabalhamos durante a semana ou adicionamos estressantes em outras dimensões de nossas vidas. Poucos de nós descansam nos fins de semana.

Existe um custo elevado ao negligenciar o descanso nos fins de semana: a qualidade do trabalho que fazemos durante a semana cai, fazendo com que sintamos a pressão de trabalhar sábados e domingos para compensar. Entramos em um círculo vicioso: não há estresse suficiente para exigir descanso, não há descanso suficiente para sustentar um estresse real. Se você estiver preso nesse ciclo, tente acabar com isso no próximo fim de semana. Dê a si mesmo pelo menos um dia de folga, para se desligar totalmente do trabalho e de outros estressantes semelhantes. As vantagens são significativas e científicas. Estudos mostram que o vigor e o desempenho aumentam após um dia de descanso e que quanto mais alguém realmente descansa no fim de semana, mais esforço empenha durante a semana. Se você sentir que sua capacidade de tirar um dia de folga está fora de seu controle, mostre este livro a seu chefe e use-o para começar uma argumentação sincera sobre como é preciso descansar para conseguir dar o melhor de si. Nada nos perturba mais do que organizações ilógicas que exigem demais e, como resultado, não recebem o suficiente.

Durante o processo de escrita deste livro, nos obrigamos mutuamente a tirar pelo menos um dia de folga por semana. Nesse dia, não escrevíamos nem pesquisávamos palavra alguma. Sem exceção, nossos dias mais fortes de escrita aconteciam no dia seguinte ou dois dias depois. (Os dias de descanso de Brad costumavam ser na segunda-feira. Ele escrevia melhor nas terças e quartas.) O fato de termos dito *dois* dias depois é digno de nota. Às vezes o corpo e a mente podem precisar de um dia para voltar ao ritmo das coisas. É por isso que antes de uma corrida importante no domingo, vários atletas descansam na sexta-feira e fazem um treino leve no sábado para "acordar o corpo". É também por isso que alguns dos profissionais mais perspicazes agendam reuniões importantes nas terças-feiras e não nas segundas. Algumas pessoas voltam com tudo após um intervalo, outras precisam de mais tempo. Não demora muito para descobrir em qual categoria você se enquadra, e quando o fizer, um dia de descanso no momento certo gerará muitos dividendos. Os dias de folga permitem que você se recupere do estresse acumulado do passado recente e o revitalizam para que possa se esforçar mais no futuro próximo.

*Um dia de descanso no momento certo gerará muitos dividendos. Os dias de folga permitem que você se recupere do estresse acumulado do passado recente e o revitalizam para que possa se esforçar mais no futuro próximo.*

Embora dias de folga sejam boas pontes de semana a semana, às vezes o corpo e a mente precisam de uma pausa mais longa. Assim como os dias de folga devem ser posicionados estrategicamente para seguirem o estresse acumulado, as férias também devem fazer, embora em maior escala. Lagat não faz seu hiato de cinco semanas no meio da temporada. Ele espera até sua última corrida do ano, quando seu corpo e mente estão realmente desgastados. Para músicos, isso pode significar um intervalo após passar cinquenta dias em turnê ou trabalhando muito para finalizar um álbum. Para artistas visuais e materiais, pode significar uma pausa após uma estreia na galeria ou depois de terminar uma obra ou série de obras especialmente desafiadora. E para intelectuais e profissionais corporativos, pode ser agendar os intervalos para após longos períodos de trabalho, como a publicação de um artigo ou livro ou a conclusão de um grande negócio de investimentos.

Seria uma falha não reconhecermos todos os tipos de fatores situacionais — de obrigações familiares a pressões financeiras e políticas corporativas — que podem dificultar o agendamento intencional de férias prolongadas. Mas, até onde for possível, incentivamos você a pensar cuidadosamente sobre quando fazer suas pausas. Pesquisas indicam que pausas de sete a dez dias de duração têm efeitos positivos na motivação, no bem-estar e na saúde que perduram por até um mês. Outros estudos mostram que férias de uma semana podem diminuir ou até eliminar completamente o burnout. Mas existe um porém: se as condições que levaram ao burnout não forem resolvidas, seus sintomas certamente voltarão dentro de poucas semanas.

*Pense cuidadosamente sobre quando fazer suas pausas.*

Essa é uma revelação importante. Significa que, ao contrário do senso comum, férias longas *não* são uma bênção salvadora que permite que pessoas com cargas de trabalho insustentáveis se recuperem totalmente como mágica. Em vez de ver as férias como uma última opção para salvar alguém à beira do colapso, é melhor pensar em pausas longas como parte de uma estratégia mais longa de "descanso" que inclui minipausas, sono correto e dias de folga. Em outras palavras, quando o assunto é uma estratégia ampla de "descanso", férias não são o bolo — são apenas a cobertura, uma chance de recuperação mais completa após acumular estresse, para que possamos voltar mais fortes e melhores do que antes. Quando Lagat termina uma temporada, ele está fatigado — mas não quebrado. A fadiga é um estímulo para o crescimento. Quebrado é apenas quebrado.

> ### Práticas de Desempenho
>
> - Independentemente do seu trabalho, tire pelo menos um dia de folga por semana.
> - Programe seus dias de folga estrategicamente após períodos de estresse acumulado.
> - Quanto mais estresse, mais descanso é necessário.
> - Até onde for possível, programe suas férias estrategicamente após períodos longos de estresse.
> - Tanto nas folgas quanto nas férias prolongadas, realmente se desconecte do trabalho. Desligue-se física e mentalmente e envolva-se em atividades que considere relaxantes e restauradoras.

## A CORAGEM PARA DESCANSAR

As vantagens do descanso são claras e sustentadas por diversas evidências científicas. Mesmo assim, poucos de nós descansam o suficiente. Não é que as pessoas queiram se desgastar. Mas vivemos em uma cultura que glorifica o esforço e o trabalho ininterrupto, mesmo se a ciência disser que isso não faz sentido. Elogiamos o atleta que fica após o treino para fazer séries adicionais na academia e idolatramos o executivo que dorme no escritório. Não estamos sugerindo que trabalhar com afinco não seja essencial para o crescimento. Vimos no Capítulo 3 que é. Mas esperamos que, neste ponto, você também perceba que o trabalho árduo só é inteligente e sustentável se for apoiado pelo descanso. A ironia é que descansar mais costuma exigir mais coragem do que trabalhar arduamente. Basta perguntar a um escritor como Stephen King ("Para mim, o verdadeiro trabalho é não trabalhar") ou uma corredora como Deena Kastor ("Meus treinos são a parte fácil"). Sentimentos de culpa e ansiedade surgem quando nos afastamos do trabalho, especialmente se

*O trabalho árduo só é inteligente e sustentável se for apoiado pelo descanso.*

pensarmos que os concorrentes continuam lá. Talvez não haja lugar onde isso seja mais verdadeiro do que em uma empresa no topo da pirâmide da consultoria, a Boston Consulting Group (BCG).

A BCG é regularmente avaliada como uma das maiores empresas de consultoria do mundo. Os consultores da empresa ajudam CEOs de empresas bilionárias a resolver os problemas mais cabeludos. E quanto mais rápido os consultores da BCG acharem as respostas, maior a chance de a empresa receber o próximo projeto multimilionário. Ou seja, os consultores da BCG trabalham em ambientes de alto risco e alta pressão.

Não surpreende, portanto, que quando os pesquisadores propuseram uma série de experimentos para testar os efeitos de descansos obrigatórios aos consultores da BCG, os funcionários tenham reagido com choque, mas também com desprezo. O *Harvard Business Review* informou: "O conceito era tão estranho que [os líderes da BCG] tiveram praticamente que forçar alguns consultores a tirar folgas, especialmente quando isso coincidia com períodos de picos de trabalho intenso." Alguns consultores questionaram de forma válida se a participação no experimento colocaria suas carreiras em risco.

Em um experimento, os consultores foram instruídos a tirar um dia inteiro de folga no meio da semana. Para pessoas que costumam trabalhar doze horas ou mais por dia, sete dias por semana, isso era simplesmente absurdo. Até mesmo a sócia que promoveu o estudo, que começava a acreditar no poder de melhoria de desempenho do descanso regular, ficou "subitamente nervosa por ter que dizer ao cliente que cada membro da equipe tiraria um dia inteiro de folga por semana". Ela garantiu ao cliente (e a si mesma) que, se o trabalho fosse prejudicado, ela cancelaria o experimento imediatamente.

Em um experimento complementar e um pouco menos radical, outro grupo de consultores foi instruído a tirar uma noite de folga durante a semana. Isso significava se desconectar totalmente após as 18h. Não importava o que estivesse acontecendo no projeto, não poderia haver e-mails, telefonemas, mensagens, PowerPoints ou qualquer coisa que envolvesse o trabalho. Essa ideia também foi encarada com muita resistência. Um gerente de projeto questionou: "Que diferença uma noite de folga fará? Isso não me forçará a trabalhar mais no fim de semana?"

Se tirar tempo de descanso pudesse falhar, seria com esse grupo de workaholics produtivos que não tinham ressalvas em expressar sua visão negativa desde o início do experimento. Mas, conforme os experimentos de vários meses avançaram, algo inesperado ocorreu. Os dois grupos mudaram completamente. Ao final da intervenção, todos os consultores envolvidos queriam folgas previsíveis. Não apenas porque sentiram os benefícios em seu autocuidado e nas relações com familiares e amigos, mas também porque estavam muito mais produtivos no trabalho.

A comunicação entre os consultores era mais eficaz e a qualidade dos resultados entregues aos clientes melhorou. Os participantes alegavam que, além dessas vantagens de curto prazo, também sentiam-se melhor quanto à sustentabilidade de seu trabalho. Nas palavras dos pesquisadores que conduziram o experimento: "Após cinco meses, os consultores das equipes que experimentaram as folgas percebiam suas situações profissionais de forma mais favorável — em todas as dimensões — do que seus colegas em equipes fora do experimento."

Os consultores da BCG descobriram que a questão não é apenas acumular horas, mas a qualidade do trabalho produzido nessas horas. Trabalhando até 20% menos, os consultores conseguiam realizar muito mais, além de sentirem-se bem ao fazer isso. Se os consultores da BCG — além dos melhores atletas, pensadores e criativos do mundo — encontraram a coragem para descansar, você também consegue. Não é fácil e pode parecer um salto enorme. Mas garantimos que, quando começar a usar as estratégias descritas neste livro para intercalar descansos no seu dia, semana e ano, seu desempenho e sua vitalidade melhorarão.

**NOS CAPÍTULOS ANTERIORES**, revelamos o grande segredo para o desempenho sustentável. Essas lições podem ser simplificadas na equação do crescimento: estresse + descanso = crescimento. É um guia simples, mas profundo, para estruturar seus dias, semanas e anos. Assim como um técnico dá a um atleta uma visão geral de um plano de treinos, a equação do crescimento lhe dá uma visão geral para melhorar o desempenho. Não podemos reforçar demais — trabalhar dessa forma é absolutamente crucial para uma vida de satisfação e melhoria.

Mas entender de forma mais completa de obter o máximo de nós mesmos exige aproximação e foco em alguns detalhes importantes. Na próxima seção, abordaremos rituais e rotinas específicas que abrem as portas para o ótimo desempenho. Exploraremos como escritores prolíficos entram de forma previsível em um estado mental que permite que escrevam milhares de palavras por dia, como os melhores músicos se preparam para apresentações com milhares de fãs entusiasmados e como atletas olímpicos preparam suas mentes e corpos para competir nos maiores palcos do mundo. Aprenderemos que pessoas de ótimo desempenho não deixam nada ao acaso. Pelo contrário, elas produzem estados específicos de mente e corpo e programam todos os seus dias para extrair o máximo de si mesmas. E, como descobriremos a seguir, você também pode.

*Estresse + descanso = crescimento. É um guia simples, mas profundo, para estruturar seus dias, semanas e anos.*

# SEÇÃO 2

# PREPARAÇÃO

# 6

# OTIMIZE SUA ROTINA

Matt Billingslea está tentando se isolar no canto de um vestiário lotado. Ele precisa de um pequeno espaço só para si, a fim de se preparar para o que está por vir. Em apenas trinta minutos, entrará em um estádio lotado para tocar diante de milhares de fãs alucinados. Mas, no momento, enquanto termina uma rotina calistênica, parece um lutador veterano, pulando ritmadamente de um lado para outro. Essa rotina específica é resultado de anos de prática, ajustes e repetição. Tornou-se algo automático, como escovar os dentes pela manhã: algo obrigatório antes de todo evento.

Ele começa fazendo círculos amplos com os braços, aumentando gradualmente a velocidade e intensidade. Depois, com as costas contra a parede, passa a erguer e abaixar o corpo, ativando os músculos do core e das costas. Enquanto alterna esses e outros movimentos, ele intercala alongamento e trabalho de pegada. Seu sangue está fluindo, suas articulações estão se soltando e seus músculos estão começando a ficar aquecidos. Tudo isso sinaliza que seu corpo está pronto.

Dez minutos para a hora do show. A expectativa cresce. Seu corpo pode estar pronto, mas sua mente ainda está a mil. Billingslea muda seu foco para colocar a mente no lugar certo. Ele respira fundo e visualiza todos os seus movimentos, como controlará seu corpo quando estiver em movimento com a sensação de estar a 160km por hora. Ele está tentando cultivar um estado psicológico específico, algo que chama de "a zona". Para Billingslea, a zona representa um mindset em que não se prende aos erros nem se distrai com o público. Idealmente, diz ele, os pensamentos cessam totalmente e sua performance torna-se automática: "Já fiz todo esse trabalho antes, mas no momento tento chegar a esse ponto ideal em que não penso no que estou fazendo. Sei que cheguei lá quando minha mente e meu corpo estão em perfeita sincronia — parece fácil, como se minha performance apenas fluísse de dentro de mim."

Billingslea conhece bem esse ponto ideal. Ele já esteve lá várias vezes, e a fluência de sua performance hoje e todas as noites depende de conseguir acessá-lo. Tudo isso nos leva de volta à rotina de aquecimento e sua única função: "Ela me dá a melhor chance de entrar na zona e fazer isso com consistência", explica. Além de preparar sua mente e seu corpo, essa rotina — a mesma que executa há anos — ajuda a criar um senso de normalidade e previsibilidade, um tipo de conforto em uma situação em que a maioria das pessoas ficaria desconfortável.

Billingslea entra na arena. As luzes se apagam. Os gritos do público diminuem por um breve momento. *Bum!* Com um flash de luzes, o ar fica repleto do som de cinquenta mil fãs ansiosos perdendo a cabeça enquanto a superestrela internacional Taylor Swift canta seu último sucesso. Billingslea está sentado poucos metros atrás dela, na bateria.

ANTES DE SE TORNAR UM PILAR de um dos shows mais populares do planeta, Billingslea passou anos aperfeiçoando sua arte. Dedicou horas incontáveis praticando em foco profundo, estressando sua mente e corpo antes de fazer pausas para se recuperar e crescer. Tocou em milhares de pequenos shows em restaurantes e bares de todo o país. Ele é a epítome da iniciativa e passou boa parte do início de sua carreira seguindo em frente com a música depreciativa cantada por pessoas negativas, que diziam: "Você não tem futuro na música." Os anos de prática, persistência e experiência — que culminaram em algo que chamaremos de "talento" — servem como alicerce para sua performance em todas as paradas da turnê mundial de Swift. Mas para expressar seu talento plenamente, para extrair o máximo de si mesmo em cada noite específica, ele depende de uma rotina sólida.

Billingslea não é o único. Seja um escritor preparando o rascunho de uma história, um atleta se preparando para competir ou um executivo a caminho de uma apresentação importante, pessoas de alto desempenho nunca *esperam* estar em seu melhor momento. Elas criam ativamente as condições específicas para extrair o melhor de si, preparando-se para o desempenho. Como aprenderemos neste capítulo, essas estratégias de preparação são eficazes devido aos seus componentes específicos e à repetição consistente. É essa combinação — desenvolver a rotina "certa" para você e repeti-la várias e várias vezes — que serve como porta de entrada para o auge do desempenho.

> *Pessoas de alto desempenho nunca esperam estar em seu melhor momento. Elas criam ativamente as condições específicas para extrair o melhor de si.*

## ENTRE NA ZONA

Você reparou em algo estranho na rotina de Billingslea? Que tal o fato de que não havia uma bateria envolvida? Quando lhe questionamos sobre isso, ele nos disse que já havia feito bicos como personal trainer. Da mesma forma que nós estamos tentando derrubar as barreiras entre áreas com este livro, pegando conhecimentos de uma área e aplicando-os a outras, Billingslea começou a experimentar em suas rotinas de bateria e aquecimento o que aprendeu na academia. Ele descobriu que flexões, polichinelos e correr no lugar eram tão eficazes na preparação para tocar bateria quanto na preparação para levantar pesos e correr. Faz sentido. Tocar bateria com consistência por duas horas é uma atividade fisicamente desgastante. Billingslea descobriu que elevar seus batimentos cardíacos e relaxar o corpo antes de um show é muito mais importante do que aquecer os aspectos técnicos da bateria em si. Billingslea já sabe tocar bateria. Tem trinta anos de experiência. Trinta minutos de prática a mais logo antes de um show não farão muita diferença. Na verdade, isso só prejudicaria, fazendo-o pensar mais quando seu objetivo é pensar menos. O tempo de aquecimento é melhor utilizado abrindo as portas para a zona física e psicológica que ele deseja adentrar.

Se começasse o show tocando "frio", precisaria das primeiras músicas para chegar a esse estado. Não significa que não chegaria lá em algum momento, mas como ele nos disse, correria o risco de "pensar demais no começo", o que poderia levar a erros e incertezas.* Em uma tentativa de minimizar essa possibilidade, Billingslea garante que está fisicamente alerta e psicologicamente preparado na hora de entrar no palco. Como resultado, ele entra na zona de forma mais ágil e previsível. Não espera que a zona venha até ele. Ele a cria. Durante o auge de um show, quando tudo está dando certo, Billingslea transpira aos montes enquanto desafia seus limites físicos. Sua mente, por outro lado, está em um transe quase meditativo.

Outra pessoa de alto desempenho que entende a importância de estar pronta para tudo no início de um evento é Megan Gaurnier. Só que ela não toca bateria; ela pedala. A ciclista olímpica que vive na Califórnia é uma das ciclistas mais rápidas do mundo. Ela nos disse que o preparo físico que desenvolveu em anos de treino é a base de seu desempenho. Mas em dias de prova, para liberar esse preparo, ela também depende de uma rotina. "Para mim, é ioga. Faço a mesma rotina de ioga todas as vezes. Leva apenas de 20 a 25 minutos e coloca meu corpo e minha mente no modo de corrida, de forma previsível. Isso é 100% vital para o meu sucesso na hora da largada."

Gaurnier não está sozinha com sua ênfase na rotina, especialmente quando se trata de atletas. Quase todos os atletas de elite têm rotinas bem treinadas de aquecimento que são orquestradas com precisão de minutos. Por exemplo, os corredores de primeira classe de Steve sabem o momento exato de começar seu aquecimento pré-corrida — normalmente cerca de sessenta minutos antes da competição. Cada um entra em sua sequência cuidadosamente elaborada, que varia de uma corrida leve a séries de flexibilidade e sprints curtos. Seu objetivo é o mesmo de Billingslea e Gaurnier: chegar à linha de largada com seus corpos e mentes no estado ideal. Para atletas, um aquecimento físico faz mais do que estimular o fluxo sanguíneo e preparar os músculos para o desempenho. Também ajuda a estimular uma mente clara e relaxada. O herói olímpico dos Estados Unidos,

---

* Quando Billingslea comete um "erro", ninguém nota, nem mesmo os outros integrantes da banda. Mesmo assim, ele disse que um erro pode tirá-lo do sério, o que é irônico pois nenhuma outra pessoa perceberia que ele está "fora". É essa busca e expectativa implacável pela excelência pessoal que exemplifica tantas pessoas de alto desempenho.

Frank Shorter, último norte-americano a conquistar a medalha de ouro na maratona (1972), sempre comia o mesmo café da manhã — torrada, café e frutas — antes de *toda* corrida, fosse ela grande ou pequena. Em sua autobiografia, *My Marathon: Reflections on a gold medal life* ["Minha Maratona: Reflexões de uma vida de medalha de ouro", em tradução livre], escreveu: "A consistência era outra forma de diminuir o terror."

Você pode ter observado as variações nas rotinas que apresentamos até aqui. Isso acontece porque não existe uma rotina perfeita universal. Cabe a você determinar o estado ideal de corpo e mente para as demandas do seu evento e descobrir a melhor forma de chegar até, ou muito perto de, esse estado desde o início. Para alguns, pode ser ioga; para outros, flexões.

> *Cabe a você determinar o estado ideal de corpo e mente para as demandas do seu evento e descobrir a melhor forma de chegar até, ou muito perto de, esse estado desde o início.*

Embora isso possa parecer importante para aqueles que dependem do corpo para seu desempenho, e o resto de nós? A roteirista e cineasta Alexi Pappas, que por acaso também é uma corredora de primeira classe, diz que usa a mesma abordagem em suas atividades criativas e em suas corridas:

> *Acho que a forma como lido com um bloqueio criativo é a mesma com que encaro os treinos [de corrida] e o aquecimento para uma corrida. Tenho essas ferramentas e esses aquecimentos que posso usar para sempre conseguir "comparecer". Mesmo que esteja competindo contra a melhor corredora do país, você ainda pode fazer o mesmo aquecimento para aquela prova e comparecer do mesmo jeito. Com a escrita, tenho algumas coisas, como meu local preferido para sentar ou meu chá preferido para beber. Eu trato toda essa coisa de cinema como se fosse um treino. É algo a que eu me dedico. Nos dias bons e nos dias ruins, você sempre comparece.*

Pappas está no caminho certo. Assim como grandes atletas preparam seus corpos para o auge do desempenho, grandes pensadores e artistas preparam suas mentes.

## AQUECENDO SUA MENTE

Chade-Meng Tan (também conhecido como Um Bom Camarada, o pioneiro de mindfulness que conhecemos no Capítulo 4) é conhecido por sua forma única de entrar em salas de conferência. Quando entra em uma reunião, Tan olha rapidamente em volta e faz um comentário silencioso para si mesmo sobre cada pessoa na sala. Ao contrário do estereótipo de agente corporativo, ele não está avaliando todos para se preparar para uma batalha executiva. Na verdade, dedica um breve instante a dizer algo de bom sobre cada pessoa, mesmo que ainda não a conheça. *É fantástico trabalhar com a Melissa... Jim é um ótimo gerente de marketing... A moça de cabelo vermelho parece repleta de energia positiva...* Ao fazer isso, Tan está cancelando a reação instintiva comum de encarar cada pessoa como uma ameaça ou obstáculo em potencial. Dizendo poucas palavras mentalmente, Tan se prepara com um humor positivo e cooperativo.

Acontece que um humor positivo também é vantajoso para resolver problemas e para a criatividade. Em um experimento da Universidade Northwestern, os participantes receberam um questionário para avaliar seus estados emocionais. Então, foram divididos em dois grupos com base em seu humor: um positivo e outro negativo. Os participantes do grupo positivo tinham chances significativamente maiores de resolver problemas intelectuais difíceis usando percepções criativas. Para descobrir por quê, os pesquisadores usaram ressonâncias magnéticas funcionais para ver como os cérebros dos participantes funcionavam enquanto tentavam resolver os problemas. As pessoas de bom humor demonstraram aumento na atividade em uma região do cérebro associada com a tomada de decisões e o controle emocional. Essa região do cérebro também é essencial para resolver problemas (o córtex cingulado anterior). As pessoas de humor negativo, por outro lado, quase não tinham atividade nessa região do cérebro. Ou seja, a capacidade dos participantes de ativar essa região crucial do cérebro tinha ligação com seu humor. Enquanto um humor positivo facilitava a resolução de problemas e a criatividade, o humor negativo inibia essas funções em um nível neurológico profundo. Esse experimento é

*É difícil pensar direito quando sua mente não está em paz.*

apenas um entre vários que demonstram como é difícil pensar direito quando sua mente não está em paz.

As implicações são diretas: podemos melhorar o desempenho nos colocando em um humor positivo antes de trabalhos importantes que envolvem resolver problemas e pensar criativamente. Por mais que pareça loucura, pesquisas mostram que algo simples, como ver vídeos divertidos de gatos no YouTube, pode melhorar o desempenho subsequente em atividades com exigências cognitivas.

Tão importante quanto conjurar um humor positivo é evitar o negativo. A fim de melhorar seu desempenho, tente evitar pessoas, locais e objetos que possam deixá-lo de mau humor. Embora haja situações em que esses fatores podem estar além do seu controle, é importante perceber o impacto que o humor tem sobre o desempenho. Como e com quem você passa seu tempo, especialmente antes de trabalhos importantes, é muito relevante.

Também é importante lembrar-se do efeito do humor sobre o desempenho ao avaliar a si mesmo ou seus colegas. Estudos recentes indicam que é extremamente difícil ter um bom desempenho no trabalho se outros elementos da sua vida não estiverem em harmonia. Seja atencioso consigo mesmo e com outros que estejam passando por momentos difíceis e reconheça que desconectar o "trabalho" da "vida" é uma ilusão.

*Desconectar o "trabalho" da "vida" é uma ilusão.*

Não é só o trabalho intelectual ou criativo que é influenciado pelo humor; o desempenho atlético também é afetado. Considere Tiger Woods, cuja carreira no golfe afundou com sua vida pessoal. Embora a história de Woods seja um exemplo extremo, pesquisas realizadas pelo cientista do esporte, o Dr. Samuele Marcora, observaram que até mesmo influências leves ou sutis sobre o humor podem alterar o desempenho atlético. Em um estudo envolvendo ciclistas treinados, Marcora mostrava rostos felizes ou tristes em uma tela, enquanto os ciclistas pedalavam com toda a força. Os rostos eram exibidos por uma fração de segundo — tão rapidamente que só podiam ser reconhecidos pelo subconsciente. Mesmo assim, quem foi exposto aos rostos felizes teve um desempenho 12% melhor do que quem foi exposto aos rostos tristes. A pesquisa de Marcora serve como prova adicional de que o humor tem efeitos profundos no desempenho de nossos cérebros e corpos. Suas descobertas experimentais também sustentam anos de evidências anedóticas de que atletas tendem a ter melhor desempenho quando tudo está certo, não só dentro de campo, mas também fora dele.

Embora tenhamos nos concentrado no humor, há várias outras oportunidades de preparação psicológica. Por exemplo, no processo de escrever este livro, sempre que encontramos um impasse que não conseguíamos superar com uma pausa normal ou, pior ainda, sentíamos um bloqueio criativo a caminho, passávamos a ler nossos livros favoritos de gêneros semelhantes a este.* Sem exceção, reler esses livros ajudava a ligar nossas mentes criativas na escrita. Não nos surpreendeu quando descobrimos, mais tarde, que em um estudo real (semelhante ao nosso experimento pessoal), pesquisadores observaram que os participantes tinham capacidade de reconhecer padrões, um indicador comum de desempenho cognitivo em geral, 37% melhor após ler livros bem escritos.

A lição não é necessariamente rodear sua área de trabalho com rostos felizes ou assistir a uma comédia antes de seu próximo evento importante (embora essas práticas não façam mal). Na verdade, a lição é que seu estado mental antes de uma performance pode afetá-la consideravelmente. Assim como Billingslea, Gaurnier e outros atletas de primeira classe que elaboram rotinas pré-performance para preparar seus corpos e focar suas mentes, você também pode elaborar uma rotina pré-performance para ajudar a extrair o melhor de si.

---

* Especialmente *O Lado Bom do Estresse*, da Dra. Kelly McGonigal; *Give and Take*, de Adam Grant; *A Genética do Esporte*, de David Epstein; *O Poder dos Quietos*, de Susan Cain; *Drive*, de Daniel Pink; e *Presença*, de Amy Cuddy.

> ### Práticas de Desempenho
> 
> - Reflita sobre as atividades em sua vida que são mais importantes para você.
> - Determine qual estado mental e/ou corporal elas exigem.
> - Prepare-se para o desempenho, preparando a mente e/ou o corpo antes de atividades-chave.
> - Teste e refine várias técnicas de preparação, desenvolvendo rotinas personalizadas com o tempo.
> - Seja consistente: use a mesma rotina toda vez que se envolver na atividade relacionada a ela (falaremos mais sobre a importância da consistência daqui a pouco).
> - Lembre-se do impacto do humor no desempenho; a positividade faz diferença.

## O AMBIENTE É IMPORTANTE

Ao escrever este livro, dependemos não apenas da leitura de nossos livros favoritos, mas também de café. Muito café. E não um café qualquer, mas a mesma bebida, na mesma cafeteria, na mesma mesa, na mesma hora do dia, todos os dias. Além disso, cada um tinha uma playlist de músicas dedicadas só a escrever, e Brad chegou ao ponto de ter um computador separado que usava apenas para escrever este livro. Embora à primeira vista pudesse parecer que estávamos sendo vítimas de nossas tendências de personalidade tipo A, não era esse o caso. Na verdade, estávamos seguindo o conselho de um dos escritores mais prolíficos da história, Stephen King.

Tudo no ambiente de escrita de King é intencional, da sala em que escreve até a posição de sua escrivaninha, os materiais sobre ela e o som de AC/DC, Metallica e Guns N' Roses que ouve ao escrever. Não existe um segredo especial no modelo de King, e certamente não é o ideal para todo mundo (não conseguiríamos escrever ouvindo heavy metal, por exemplo). Porém, o importante é que ele criou um ambiente que funciona para ele.

Em sua autobiografia, *Sobre a Escrita*, King resume: "A maioria de nós trabalha melhor em um local só nosso."

O sentimento de King não é exclusivo. Quase toda pessoa de alto desempenho mencionada neste livro enfatiza a importância de *onde* aperfeiçoa sua arte. Desde a academia favorita de um atleta de primeira classe ao estúdio personalizado de um artista premiado ou a caverna de escrita de King, os locais específicos onde trabalhamos são importantes. Um campo obscuro, chamado de psicologia ecológica, traz luz ao motivo para isso.

*Os locais específicos onde trabalhamos são importantes.*

A psicologia ecológica sugere que os objetos à nossa volta não são estáticos; pelo contrário, eles influenciam e incentivam comportamentos específicos. Experimentos mostram que basta ver um objeto para provocar atividades cerebrais associadas com ações específicas. Por exemplo, quando vemos a imagem de uma cadeira, as partes do cérebro responsáveis por coordenar o ato de sentar (isto é, programas motores) começam a ser ativadas, mesmo que não tenhamos nos movido. É como se a cadeira falasse conosco, dizendo "ei, venha se sentar", e nossos cérebros ouvissem e respondessem de acordo. Esse fenômeno ajuda a explicar por que atletas em certos esportes de ação, como o futebol, afirmam não "pensar" na direção que tomam; o processo linear de raciocínio demoraria demais. Na verdade, quando surge uma abertura em um campo de futebol, ela literalmente convida os jogadores, em um nível bem mais profundo do que sua experiência consciente, a passar por ali.

Simplificando, não somos tão separados de nosso ambiente quanto achamos. Na verdade, nossos cérebros mantêm uma conversa elaborada com os objetos que nos rodeiam, e quanto mais conversam, mais próxima se torna a interação. Por exemplo, na primeira vez que um bebê vê uma cadeira, os programas motores em seu cérebro não ativam automaticamente a um padrão para sentar-se. Mas quando esse bebê é adulto e já viu e sentou em milhares de cadeiras, a visão de uma cadeira aciona no fundo de seu cérebro a resposta de sentar-se.

Esse conceito pode parecer um tanto esotérico, mas as implicações práticas são racionais e simples. Ao criarmos um espaço a fim de praticar nossa arte, é benéfico nos rodearmos de objetos que encorajam as ações desejadas, e eliminar os que não o fazem. Em seu livro *The Evolving Self* ["O Eu em Evolução", em tradução livre], o Dr. Mihaly Csikszentmihalyi afirma que ser intencional com relação a nossos arredores é essencial para obter nosso melhor desempenho. Os objetos dentre os quais trabalhamos, diz ele, tornam-se "expansões do eu... objetos que a mente pode usar para criar harmonia na experiência".

> ## Práticas de Desempenho
>
> - Crie "um local só seu" onde possa realizar seus trabalhos mais importantes.
> - Coloque ao seu redor objetos que encorajem os comportamentos desejados.
> - Trabalhe de forma consistente no mesmo local, usando os mesmos materiais.
> - Com o tempo, seu ambiente melhorará sua produtividade em um nível neurológico profundo.

Além disso, trabalhando no mesmo ambiente com consistência e repetidamente, a ligação entre nós e nosso ambiente é fortalecida. O trabalho do neurocientista comportamental Dr. Daniel Levitin sustenta o uso que Brad faz de um computador só para escrever. De acordo com Levitin, quando um objeto, como um computador, é isolado para uma tarefa específica, como escrever, a ligação entre o sujeito (escritor) e o objeto (computador) se fortalece.

*Os objetos dentre os quais trabalhamos tornam-se expansões do eu, objetos que a mente pode usar para criar harmonia na experiência.*

Com o tempo, a simples visão do computador específico incentiva a escrita, literalmente levando o cérebro de Brad a pensar sobre o livro/história/artigo que está desenvolvendo.

**ROTINAS ESTRATÉGICAS** vão muito além de superstições, como usar as mesmas meias ou roupas íntimas antes de um grande evento. Na verdade, as atividades que realizamos antes de trabalhar preparam nossos corpos e mentes para estados específicos, e os ambientes nos quais trabalhamos encorajam e influenciam certos comportamentos. Quando executamos repetidamente a mesma rotina e trabalhamos no mesmo ambiente, criamos ligações fortes dentro de nossos cérebros e corpos. Conectamos o que fazemos antes de trabalhar e onde trabalhamos com o próprio ato de trabalhar. Essencialmente, nos condicionamos a trabalhar.

## CONDICIONAMENTO

Você já leu que Stephen King é meticuloso em sua rotina e seu ambiente de escrita. Como resultado, sempre que ele se senta para escrever, está preparado para ser produtivo. King não acredita no acaso ou que a inspiração acontece misteriosamente. "Não espere pela musa", escreveu em seu livro de memórias. "Seu trabalho é fazer com que a musa saiba onde você vai estar todos os dias, das nove da manhã ao meio-dia, ou das sete da manhã às três da tarde. Garanto a você, se ela souber, mais cedo ou mais tarde vai começar a aparecer."

*"Seu cronograma existe para que você se habitue, para prepará-lo para sonhar, assim como você se prepara para dormir indo para a cama mais ou menos na mesma hora toda noite e seguindo o mesmo ritual ao fazer isso."*

Assim como o baterista Matt Billingslea usa sua rotina para entrar na "zona" de forma previsível, ou a ciclista Megan Gaurnier usa sua rotina para preparar sua mente e seu corpo para pedalar, King confia em sua rotina para ter um fluxo contínuo de criatividade. "O cronograma — entrar mais ou menos na mesma hora todos os dias, sair quando as mil palavras estiverem no papel ou no computador — existe para que você se habitue e se prepare para sonhar, exatamente como se prepara para dormir ao ir para a cama mais ou menos no mesmo horário todas as noites e seguir sempre o mesmo ritual."

A confiança de King em um ritual não é nada novo entre grandes pensadores. Outro exemplo notável é o doutor em psicologia B. F. Skinner. No início da década de 1960, quando Skinner estava concluindo seu trabalho intelectual mais revolucionário, aderiu a uma rotina exata. Em 1963, escreveu em seu diário:

*Levanto-me às vezes entre 6h e 6h30, normalmente após ouvir as notícias no rádio. Meu café da manhã, um prato de flocos de milho, está sobre a mesa da cozinha. O café é feito automaticamente pelo timer do fogão. Como sozinho… perto das 7h, desço até meu estúdio, uma sala com painéis de nogueira no porão. Minha mesa de trabalho é uma mesa escandinava moderna, com um conjunto de prateleiras que eu mesmo fiz para manter as obras de BFS, dicionários, vocabulários etc… Mais tarde pela manhã, vou ao meu escritório. Nesses dias, saio logo antes das 10h para que Debbie possa ir comigo às aulas da escola de verão…*

E assim ele continuou, descrevendo com precisão de minutos os detalhes de cada um dos seus dias.

Skinner era muito apegado a seus hábitos. Ele até iniciava e terminava suas sessões de escrita com o sinal de um cronômetro. A grande ironia, é claro, é que Skinner estava usando o poder da rotina para ajudá-lo a desenvolver a teoria psicológica que embasa o poder da rotina: o behaviorismo. Em seu âmago, o behaviorismo sugere que certas ações podem ser desencadeadas ou "condicionadas" por sugestões externas. Os feitos de condicionamento mais conhecidos de Skinner envolveram ensinar ratos a puxar alavancas e pombos a jogar tênis de mesa. Ele ensinou os animaizinhos associando os comportamentos desejados com alimentos. (Qualquer pessoa que já tenha treinado um animal de estimação usando comida precisa agradecer a Skinner.)

Skinner acreditava que quase qualquer gatilho poderia desencadear comportamentos, desde que os dois (isto é, gatilho e comportamento) fossem combinados de forma consistente e reforçados positivamente. Sob a lente do behaviorismo, a própria rotina minuciosa de Skinner servia como gatilho para desencadear o comportamento de escrever, que era reforçado pelas emoções positivas que sentia após ser produtivo.

A psicologia moderna aceita que o comportamento humano é muito mais complexo do que o behaviorismo de Skinner. Mas a essência da teoria continua viva na ciência atual dos hábitos, que diz que os comportamentos podem ser desencadeados pelas atividades que os precedem. Talvez hoje não diríamos que Billingslea, Gaurnier e King usam suas rotinas para "condicionar" o desempenho. Diríamos que eles "fazem da excelência um hábito". Mas são apenas dois lados da mesma moeda.

> ## Práticas de Desempenho
>
> - Ligue comportamentos-chave a gatilhos e/ou rotinas específicas.
> - Seja consistente e frequente; execute o mesmo gatilho/rotina toda vez antes do comportamento ao qual estão relacionados.
> - Se possível, ligue atividades-chave ao mesmo contexto (por exemplo, hora do dia, ambiente físico etc.).
> - Se seu trabalho exigir ambientes variados, desenvolva gatilhos/rotinas portáteis que possam ser executados em qualquer lugar (por exemplo, rotina de respirações, pensamento motivacional etc.).
> - A consistência é o segredo. A melhor rotina não significa nada se você não praticá-la regularmente.

Ao ligar nosso trabalho de forma consistente à mesma rotina (e, se possível, ao mesmo ambiente), o bom desempenho começa a se tornar mais automático.

## DA PSICOLOGIA À BIOLOGIA

O sotaque britânico de Dave Hamilton se destaca no campo de treino em Lancaster, Pensilvânia, onde é o diretor de ciência do desempenho para a seleção feminina de hóquei sobre a grama dos EUA. Hamilton tem a missão de acabar com a seca de medalhas da seleção dos EUA, que vem desde 1984. Faz pouco tempo que ele foi recrutado no Reino Unido, onde ajudou a levar a seleção de hóquei sobre a grama à medalha de bronze nas Olimpíadas de 2012.

Assim como a equipe dos EUA, antes de 2012, os britânicos estavam na seca, sem conquistar uma medalha há vinte anos. Apesar de todos os indicadores apontarem um desempenho de primeira classe, a equipe britânica sofria nas partidas cruciais; eram campeãs nos treinos, mas não conseguiam refletir isso nos dias de jogo. Sendo um cientista esportivo, Hamilton adotou uma abordagem meticulosa para descobrir por que suas garotas não traduziam seus treinos exemplares em performances exemplares.

Hamilton registrou tudo, começando com os regimes de treino das atletas. Não surgiu nenhum sinal de alerta. Não era uma surpresa, considerando o nível elevado de jogo que via em todos os treinos. Alterar a fisiologia de suas atletas não era a resposta. Porém, pensou ele, e que tal alterar sua biologia? Será que isso daria às jogadoras a vantagem de que precisavam nos dias de jogo?

Particularmente, Hamilton estava curioso sobre a testosterona. Talvez mais do que qualquer outro hormônio, a testosterona está ligada ao desempenho. Ela aumenta o crescimento muscular, a força e a energia. Além do seu efeito profundo em nossa fisiologia, esse hormônio também está ligado a aumentos na criatividade, autoconfiança, memória e atenção. Ou seja, é um grande potenciador de desempenho em quase todas as áreas. E apesar de a testosterona sintética ser banida dos esportes, Hamilton acreditava que poderia aumentar sua quantidade natural que já existia nos corpos de suas atletas.

Ele começou reforçando o sono, garantindo que suas atletas dormissem por pelo menos oito horas toda noite (para mais detalhes sobre sono e testosterona, veja o Capítulo 5). Mas foi além do sono, medindo com testes salivares o quanto praticamente tudo afetava os níveis de testosterona de suas atletas. Por exemplo, avaliou como a testosterona respondia a opiniões negativas e positivas, discursos motivacionais antes do jogo, filmes inspiradores, ambientes sociais e aquecimentos de explosão ou de resistência.

Hamilton descobriu que não existe uma fórmula única para aumentar os níveis de testosterona. Na verdade, as respostas das atletas aos estímulos variavam: por exemplo, algumas apresentaram picos de testosterona após correrem rápido por pouco tempo, enquanto outras tinham melhoras após correr lentamente por mais tempo; algumas depois de prepararem-se para os jogos sozinhas, enquanto outras se beneficiavam de aquecimentos em grupo, e assim por diante. Porém, o que era constante é que aumentar a testosterona pré-jogo melhorava significativamente o desempenho das atletas. O segredo para o dilema de Hamilton e, enfim, para uma medalha olímpica para a seleção de hóquei sobre a grama do Reino Unido era aumentar os níveis de testosterona nas atletas.

Com isso em mente, antes das Olimpíadas de 2012, Hamilton trabalhou com cada uma de suas atletas para desenvolver rotinas pré-jogo individualizadas. Ele garantiu que a rotina de cada atleta era "ideal" medindo sua testosterona após ajustar a rotina. Quando chegou a época dos Jogos de 2012, cada atleta tinha uma rotina pessoal elaborada especificamente para maximizar sua testosterona. A abordagem pouco convencional funcionou, como prova a medalha olímpica que a equipe conquistou naquele ano.

Embora Hamilton tenha feito vários testes para desenvolver as rotinas de suas atletas, um nível tão extremo de precisão pode ter sido desnecessário. Sem exceção, disse ele, os níveis de testosterona estavam no pico quando as atletas se sentiam bem. Então, diz ele: "Quando o assunto era o desempenho no dia do jogo, apenas fizemos com que cada uma das atletas se sentisse confiante de que sua mente e corpo estavam prontos quando o apito soasse."

ANTERIORMENTE, NESTE CAPÍTULO, aprendemos que as rotinas são tão eficazes porque promovem comportamentos e estados físicos e psicológicos específicos. O que a história de Hamilton agrega é que uma rotina individualizada vai além de nos preparar para o trabalho. Ela também altera nossa biologia, mudando nosso perfil hormonal de forma a aumentar a força, a energia, a autoconfiança, a criatividade, a atenção e a memória. Em outras palavras, desenvolver uma rotina personalizada não apenas nos condiciona para o desempenho, melhora o próprio desempenho.

Se estresse + descanso = crescimento é o alicerce sobre o qual nosso talento é construído, então nossas rotinas e ambientes nos ajudam a expressar plenamente esse talento.

# 7

# SEJA MINIMALISTA PARA SER MAXIMALISTA

O Dr. Michael Joyner, médico e pesquisador na prestigiada Clínica Mayo, não é apenas especialista no desempenho humano, mas também uma pessoa de alto desempenho. Joyner publicou mais de 350 artigos sobre o tema e recebeu diversos prêmios por seu trabalho. Recentemente, foi nomeado investigador distinto da Clínica Mayo e premiado com uma bolsa do celebrado Programa Fulbright Scholar. Além de conduzir pesquisas, Joyner, como anestesista, atende pacientes regularmente e é o mentor de inúmeros residentes, comandando informalmente o que chama de "minha versão da escola Montessori". Ele escreve para a revista *Sports Illustrated* e é muito citado como especialista em outras grandes publicações. Como se não bastasse, Joyner (aos 58 anos) continua sendo um atleta ávido e, no seu auge, corria maratonas a velocidades impressionantes. Para completar, é casado e tem filhos pequenos.

Joyner não tem nenhuma mutação genética que lhe dê energia infinita, nem trabalha 12 horas por dia. Porém, ele minimiza as distrações e elimina atividades que não tenham relação com seu trabalho. Isso não significa que tenha a cabeça fechada e só se interesse por sua própria área. Na verdade, ele faz o contrário. "Reservo entre sessenta e noventa minutos todos os dias para ler coisas fora da minha área", disse. "Isso me ajuda a gerar novas ideias." Mas Joyner só mantém essa leitura ampla porque identificou a criatividade como algo integral para sua pesquisa, e a leitura ampla é um dos canais para a sua criatividade. Ele não investe tempo ou energia em nada que não seja essencial para sua missão. "Para ser um maximalista, é preciso ser um minimalista", diz ele. Tome nota: isso não significa que você deva buscar estreitar-se ou ser muito especializado. Como vimos neste livro, várias pessoas de alto desempenho têm interesses diversos que trabalham em conjunto para alimentar o sucesso. Porém, isso significa que você deve identificar e tentar cortar todas as coisas frívolas da sua vida. Seja plenamente intencional sobre como gasta seu recurso mais precioso: o tempo.

*Para ser um maximalista, é preciso ser um minimalista.*

Um dia na vida de Joyner exemplifica essa filosofia. Ele acorda cedo, entre 4h30 e 5h, bem antes de sua esposa ou filhos acordarem. Durante essa hora sagrada, quando sua mente está fresca e não há distrações, ele conclui o que considera ser o trabalho mais urgente e importante daquele dia. Na hora que sua família acorda, ele está pronto para uma pausa, então se dedica a passar bons momentos com eles. Uma hora depois, quando sai para trabalhar, pega uma bolsa previamente arrumada com uma muda de roupas de academia e uma muda de roupas de trabalho, como todos os dias. "Não quero gastar nenhuma energia mental pensando no que vestir", disse. Ele pedala sua bicicleta até uma academia que fica perto do escritório, a poucos quilômetros de distância. "Fui muito intencional ao escolher onde morar", disse. "Não queria perder tempo com deslocamento, nem me desgastar no trânsito. Então, escolhi um local para o qual posso me deslocar de bicicleta. Além disso, nos dias em que não consigo passar na academia, pedalar garante que eu faça pelo menos um pouco de atividade física."

No trabalho, Joyner não fala de política ou das fofocas do escritório. E embora haja inúmeros seminários e conferências que ele poderia assistir literalmente todos os dias, não costuma fazer isso, pois o distrairia de seu trabalho em foco profundo. Quando Joyner volta para casa à noite, faz o máximo para se "desligar" e raramente se envolve em atividades extras. Para fazer um trabalho ótimo, disse ele: "É preciso dizer não para muitas coisas, para quando chegar a hora de dizer sim, você possa fazer isso com toda a sua energia." Joyner é o primeiro a admitir que não é fácil dizer não. "Eu poderia morar em Nova York, Boston ou Washington, D.C., mas fui atraído para Rochester, Minnesota, por ser um lugar onde eu poderia me concentrar facilmente no que mais importa para mim: minha pesquisa e minha família", explicou. E como ama sua pesquisa e sua família, ele é extremamente feliz.

Joyner não projetou apenas seus dias, mas toda a sua vida com o intuito de eliminar distrações e decisões "que não são realmente importantes". Ao fazer isso, reserva energia e força de vontade para as atividades que são cruciais para si. Ou seja, seu segredo para realizar tanto, para ser um "maximalista" em sua área, é que ele é um "minimalista" em quase todo o resto.

Se a filosofia e o estilo de vida de Joyner parecem familiares, é porque são semelhantes a outra pessoa de alto desempenho que conhecemos no Capítulo 3: o Dr. Bob Kocher. Ele compartimentaliza seu dia de minuto em minuto, garantindo que cada compartimento tenha um propósito distinto. Assim como Joyner, o Dr. Bob é muito intencional sobre o que faz e deixa de fazer, ao que dedica ou deixa de dedicar energia. Emil Alzamora, um premiado artista que conheceremos melhor mais adiante, construiu seu estúdio, que chama de sua "caverna", no quintal. Ele nos disse que fez isso "para minimizar o que fica entre mim e minha arte". É esse tipo de intencionalidade que Alzamora, Dr. Bob, Joyner e várias pessoas de alto desempenho compartilham. Essas pessoas escolhem onde concentrar sua energia e protegem esse local de tudo que poderia invadi-lo. Isso inclui coisas que parecem simples, como decidir qual camisa vestir.

## FADIGA DE DECISÕES

Da próxima vez que estiver no computador, dedique um instante para buscar no Google uma imagem do fundador e CEO do Facebook, Mark Zuckerberg. (Você já deve saber que preferimos que não pegue seu smartphone, mas faça isso se precisar.) Você provavelmente perceberá algo semelhante nas fotos. Exceto pelas raras ocasiões em que ele é obrigado a mudar, Zuckerberg quase sempre veste o mesmo traje: jeans, uma camiseta cinza e um agasalho com capuz. Isso não significa que esteja tentando criar moda ou promover um estilo despojado no Vale do Silício (embora tenha feito isso, sem dúvida). Na verdade, seu guarda-roupas limitado é baseado em um esforço para aumentar sua produtividade e melhorar seu desempenho.

No final de 2014, na primeira sessão pública de perguntas e respostas de Zuckerberg, a pergunta que chamou mais atenção foi: "Por que você usa a mesma camiseta todos os dias?"

"Eu quero simplificar minha vida para que precise tomar o mínimo de decisões possível sobre qualquer coisa, exceto sobre como atender à comunidade", respondeu Zuckerberg, esclarecendo que ele tem "várias camisetas iguais". Ele prosseguiu, explicando que, se combinadas, as pequenas decisões — como escolher o que vestir — se acumulam e podem se tornar cansativas. "Estou em uma posição de muita sorte, em que posso acordar todos os dias e ajudar a atender mais de um bilhão de pessoas. E sinto como se não estivesse fazendo meu trabalho se gastar energia em coisas tolas ou frívolas sobre a minha vida", disse.

Zuckerberg não é o primeiro gênio a simplificar seu guarda-roupas. Há muitos relatos de que Albert Einstein, como Zuckerberg, tinha um armário cheio de "vários ternos cinza iguais". Steve Jobs vestia quase exclusivamente uma gola rolê preta, jeans e tênis New Balance. O ex-presidente Barack Obama disse recentemente à revista *Vanity Fair*: "Vocês devem reparar que visto apenas os mesmos ternos cinza ou azuis. Estou tentando cortar decisões. Não quero tomar decisões sobre o que vou comer ou vestir porque tenho muitas outras decisões a tomar." Poderíamos continuar falando de várias pessoas de alto desempenho que eliminaram decisões triviais de suas vidas. Mas será que a remoção de escolhas tão simples — camiseta azul ou vermelha, Sucrilhos ou Corn Flakes — realmente afeta o desempenho?

Relembre a ideia da nossa mente como um músculo, a teoria desenvolvida pelo Dr. Roy Baumeister apresentada no Capítulo 1, que sugere que temos um reservatório limitado de energia mental que é esgotado ao longo do dia conforme é utilizado.* Inicialmente, pesquisas sobre essa teoria concentravam-se principalmente no autocontrole: como resistir a tentações no começo do dia nos torna mais suscetíveis a ceder a elas mais

---

* Uma das melhores formas de "restaurar" a força de vontade é fazer uma pausa na atividade exigente. Isso explica por que costumamos acordar com um tanque cheio de força de vontade pela manhã — para a maioria de nós, o sono é a maior pausa.

tarde. Mas os cientistas logo perceberam que não é apenas resistir às tentações que nos desgasta, mas tomar decisões também.

Os juízes são encarregados de tomarem decisões imparciais com base apenas nas evidências apresentadas. Esperamos que sejam experientes em minimizar o ruído e a parcialidade, avaliando cada caso de forma isolada. É por isso que é especialmente surpreendente que pesquisas mostrem que os julgamentos dos juízes são muito influenciados pelo número de decisões que eles já tomaram. Por exemplo, um estudo constatou que juízes davam liberdade condicional a prisioneiros 65% das vezes no início do dia, mas quase 0% das vezes no fim do dia. Os juízes estavam sofrendo de algo chamado de "fadiga de decisões". Conforme as decisões que eram obrigados a tomar se acumulavam, os juízes ficavam mentalmente cansados e tinham menos energia para pensar de forma crítica sobre os casos, optando pela decisão padrão, mais fácil, de negar os pedidos.

Os juízes não são os únicos profissionais respeitados por sua capacidade de pensar de forma crítica, mas que sofrem de fadiga de decisões. Um estudo recente mostrou que os médicos cometem significativamente mais erros de diagnóstico com o passar do dia. O Dr. Jeffrey Linder, principal autor do estudo, disse ao *New York Times*: "A noção radical aqui é de que os médicos também são gente, e podem sentir fadiga e tomar decisões piores perto do fim de nossas sessões de atendimento."

Sem dúvidas, avaliar um pedido de condicional ou examinar um paciente doente exige muito mais reflexão do que decidir qual camisa vestir. Mesmo assim, até decisões que parecem triviais nos consomem. Experimentos mostram que pessoas que eram forçadas a escolher entre diversos produtos de consumo (por exemplo, cor de camiseta, tipo de vela perfumada, marca de xampu, tipo de doce e até mesmo tipo de meias) tinham desempenho pior do que as que recebiam apenas uma opção, em testes que iam do vigor físico à persistência e à resolução de problemas. Os participantes que eram confrontados com múltiplas escolhas também procrastinavam mais em outras áreas da vida ao longo do dia. Os pesquisadores envolvidos nesses estudos concluíram que, até mesmo nas coisas mais simples, "tomar várias decisões deixa as pessoas esgotadas" e prejudica o desempenho em atividades futuras.

Toda vez que tomamos uma decisão deliberada, mesmo que pareça inconsequente, nosso cérebro processa cenários diferentes e avalia todas as opções. Conforme as decisões que tomamos se acumulam, o mesmo acontece com a quantidade de processamento exigido do cérebro. Como aconteceria com qualquer músculo, nosso músculo mental se cansa.* Além de nos cansar ao longo do dia, tomar decisões, mesmo pequenas, interrompe nossa linha aguçada de raciocínio. Nosso cérebro precisa parar o que estava fazendo (ou, caso o cérebro estivesse no estado criativo em que a mente divaga, deve sair dele para voltar ao estado de pensamento lógico) só para avaliar qual tipo de meias devemos vestir.

*Devemos perceber que temos energia limitada, e dedicá-la apenas ao que realmente importa.*

Isso não significa que devemos viver no piloto automático, optando por não tomar quase nenhuma decisão. Mas que devemos perceber que temos energia limitada, e dedicá-la apenas ao que realmente importa. É claro que quanto mais coisas considerarmos importantes, menos energia teremos para dedicar a cada uma delas. É apenas nos tornando minimalistas que podemos nos tornar maximalistas.

O segredo para ser um minimalista é criar uma rotina para quase tudo que não é essencial para sua missão. Quando as decisões são automáticas, ignoramos a deliberação consciente e a atividade cerebral associada. Passamos direto de encontrar uma situação (por exemplo, preciso me vestir) para a execução da ação (por exemplo, colocar a mesma camisa de sempre) sem gastar energia entre isso. De certa forma, estamos trapaceando a fadiga, guardando o músculo mental para o que realmente importa. Quanto mais decisões automatizamos, mais energia teremos para o trabalho que consideramos importante. Assim, a parte mais essencial de adotar o estilo de vida ser-minimalista-para-ser-maximalista é descobrir o que

---

* Nosso músculo mental não é responsável apenas por nossa capacidade de pensar de forma crítica, mas também por nosso autocontrole. Isso significa que, mesmo que o objetivo seja de natureza física (por exemplo, correr ou levantar pesos), sua capacidade de se forçar ao máximo — uma das expressões mais poderosas do autocontrole — pode depender das decisões que você tomou (ou não tomou) mais cedo. Ou seja, não importa o que faça, eliminar decisões não essenciais pode melhorar seu desempenho. É por isso que vários técnicos fazem o possível para garantir que os atletas não pensem em mais nada em dia do jogo.

realmente importa para você — no que realmente vale a pena gastar energia — e dedicar o mínimo de energia a todo o resto.

> ## Práticas de Desempenho
>
> - Torne-se minimalista para ser maximalista.
> - Reflita sobre todas as decisões que você toma durante o dia.
> - Identifique quais são insignificantes, as que realmente não importam para você.
> - Automatize o máximo de decisões que não importam realmente. Exemplos comuns incluem decisões sobre:
>
>   √ Roupas
>   √ O que comer nas refeições
>   √ Quando realizar atividades diárias (por exemplo, sempre se exercite na mesma hora, para literalmente não precisar pensar nisso)
>
>   √ Comparecer ou não a eventos sociais (nem *sempre* é uma boa ideia, mas, durante períodos importantes de trabalho, muitas pessoas de alto desempenho adotam uma política rigorosa de dizer não a eventos sociais)
>
> - Além de eliminar o máximo possível de decisões, não dedique força mental a fofocas, política ou imaginando o que os outros pensam de você. (A menos, é claro, que sua missão seja vencer uma eleição — aí essas coisas seriam, de fato, essenciais.)
> - Além de refletir sobre as decisões diárias, pense nos efeitos de segunda e terceira ordem (por exemplo, tempo de deslocamento, pressões financeiras etc.) das decisões maiores, como onde viver.

## COTOVIAS E CORUJAS

Se o primeiro passo ao preparar um dia ideal é descobrir *o que* fazer (e, talvez ainda mais importante, o que não fazer), o segundo passo é descobrir *quando* fazer. Em seu livro *Os Segredos dos Grandes Artistas*, Mason Currey detalhou um dia típico de mais de cinquenta dos maiores artistas, escritores, músicos e pensadores que o mundo já viu. Não é de se surpreender que a maioria deles tenha sido minimalista e seguisse rotinas relativamente rigorosas. Mas as rotinas em si, como essas pessoas de alto desempenho montavam seus dias, variavam de forma significativa. Isso é especialmente verdade sobre *quando* trabalhavam melhor. Alguns, incluindo Mozart, trabalhavam melhor tarde da noite. Outros, incluindo Beethoven, eram mais produtivos ao raiar do dia. A mensagem que fica não é que a maioria dessas pessoas notáveis trabalhasse melhor em certo horário do dia ou que existe uma hora ideal para a produtividade. Na verdade, cada pessoa descobriu quando estava mais alerta e concentrada e elaborou seu dia de acordo. Essas pessoas estavam otimizando com base em seus respectivos cronótipos, que é o termo científico para os altos e baixos de energia que todos sentem ao longo de 24 horas.

Os cientistas chamam as pessoas mais alertas pela manhã de "cotovias" e as mais alertas à noite de "corujas". Vários estudos confirmam que essas categorias são bem reais. Quer seja em tarefas física ou cognitivamente exigentes, a maioria das pessoas tende a ter seu melhor desempenho na parte inicial do dia (cotovias) ou na tardia (corujas). Essas diferenças individuais dependem dos ritmos biológicos únicos do nosso corpo — quando vários hormônios associados com energia e foco são liberados e quando a temperatura do corpo aumenta e diminui. Enquanto alguns de nós têm pulsos de hormônios energizantes no começo do dia, isso acontece mais tarde para outros.

## DETERMINANDO SEU CRONÓTIPO

Para ajudar a determinar seu cronótipo, você pode usar um questionário baseado em evidências elaborado por pesquisadores do Sleep Research Center da Universidade de Loughborough, no Reino Unido. Embora as informações sobre como acessar a versão completa estejam na seção Bibliografia e Fontes deste livro, responder a estas três perguntas deve lhe dar uma boa ideia de onde você se encaixa no espectro cotovia-coruja.

1. Se tivesse liberdade total para programar sua noite, sem compromissos pela manhã, que horas você dormiria?
2. Você precisa fazer duas horas de trabalho físico pesado. Se tivesse liberdade total para planejar seu dia, quando faria isso?
3. Você precisa fazer um exame de duas horas e sabe que ele será mentalmente exaustivo. Se tivesse liberdade total para escolher, quando faria o exame?

Esse questionário é uma ferramenta valiosa, mas a melhor forma de entender seu cronograma ideal é ouvir seu corpo. Nos próximos dois dias, preste muita atenção em quando seus níveis de energia estão maiores e quando fica naquele estado cerebral nebuloso no qual a atenção cai e o trabalho começa a piorar.

Embora um período reflexivo de dois dias possa ser útil, meses de café, açúcar e "combate" à fadiga podem bagunçar o seu cronótipo. Por isso, o padrão ideal para descobri-lo é passar sete dias sem um despertador ou não compensar a fadiga em nenhum momento do dia. Você não só identificará seu cronótipo com maior precisão, mas também aproveitará um período de "reinicialização" no qual o corpo poderá voltar ao seu ritmo natural.

Você poderia fazer vários exames de sangue para descobrir quando é mais provável que esteja em seu melhor, ou pode economizar dinheiro e dor de cabeça e fazer a si mesmo algumas perguntas-chave. Todas as pessoas de alto desempenho com quem conversamos ao escrever este livro disseram que havia horas específicas nas quais trabalhavam melhor e, exceto por alguns atletas olímpicos, não dependeram de exames de sangue para descobrir que horas eram essas. Simplesmente faziam um pouco de introspecção.

Embora façamos melhor os trabalhos que exigem foco profundo e atenção durante nossas horas de pico (isto é, manhãs para cotovias, noites para corujas), o oposto é verdadeiro para a geração de ideias criativas. Como aprendemos no Capítulo 4, a criatividade costuma exigir um afastamento do que estamos trabalhando para deixar nossa mente divagar. Ao fazer isso, liberamos o poder criativo do subconsciente (a rede do modo padrão do nosso cérebro). Durante nossas horas de pico, quando estamos hiperalertas e focados, nossa mente consciente está dominante. Mas durante as horas fora do pico, quando estamos fatigados e é difícil manter o foco, nossa mente mais criativa tem uma oportunidade de brilhar. Assim, não é de se surpreender que os pesquisadores tenham observado que as cotovias têm melhor desempenho em tarefas criativas à noite, enquanto as corujas tendem a ser mais criativas pela manhã.

Com o tempo, nós (Steve e Brad) descobrimos que somos cotovias e projetamos nossos dias de escrita de acordo com isso. Usamos nossas manhãs para editar e refinar a escrita (trabalho em foco profundo) e as tardes para trabalhar novas ideias e as novas fases da escrita (trabalho criativo). Isso possibilitou um ciclo agradável: refinar pela manhã o trabalho bruto e criativo que completávamos na tarde anterior.

Pessoas de alto desempenho não combatem o ritmo natural do seu corpo; elas se aproveitam dele. Programam intencionalmente o trabalho mais difícil e que exige mais foco (ou, para atletas, seus treinos) durante os períodos em que estão mais alertas. Para alguns, no começo da manhã e, para outros, tarde da noite. Quando sua biologia muda e elas ficam menos alertas, as pessoas de alto desempenho se concentram em tarefas que, embora ainda sejam cruciais para seu trabalho, exigem menos atenção. Essas tarefas incluem coisas como responder e-mails, agendar reuniões inevitáveis mas pouco produtivas ou fazer as tarefas básicas da casa. Finalmente, quando sua atenção realmente começa a ir embora, elas não se "forçam" a continuar trabalhando. Pelo contrário, deixam suas mentes divagarem e seus corpos se recuperarem e, ao fazer isso, costumam passar por momentos "a-ha" ou "eureka" de revelação. Ou seja, as pessoas de alto desempenho estão plenamente cientes de seus cronótipos e fazem o possível para alinhar suas atividades aos seus níveis de energia. Você pode tentar fazer o mesmo.

---

Práticas de Desempenho

- Determine seu cronótipo usando as ferramentas e sugestões apresentadas.
- Programe seu dia de acordo — seja intencional sobre quando agendar certas atividades, combinando as exigências da atividade com seu nível de energia.
    - √ Proteja o tempo em que está mais alerta e use-o para seu trabalho mais importante.
    - √ Programe tarefas menos exigentes durante os períodos em que está menos alerta.
    - √ Não combata a fadiga! Em vez disso, use esse tempo para se recuperar e gerar ideias criativas que poderá colocar em prática no próximo ciclo de energia e foco elevados.
- Trabalhe alinhado a seu cronótipo — ele não apenas maximiza o desempenho, mas também ajuda a garantir um equilíbrio adequado entre estresse e descanso.

---

## ESCOLHA OS AMIGOS COM SABEDORIA

Em 2010, a Academia da Força Aérea dos Estados Unidos quis entender por que alguns cadetes melhoravam seu condicionamento físico enquanto estavam na Academia e outros não. Em um estudo da Secretaria Nacional de

Pesquisa Econômica que acompanhou um grupo de cadetes ao longo de quatro anos, os pesquisadores observaram que, embora houvesse variações nos ganhos/perdas de condicionamento em todos os cadetes, quase não havia variações dentro dos esquadrões. Esquadrões são grupos de cerca de trinta cadetes aos quais uma pessoa é alocada aleatoriamente antes de seu primeiro ano. Os cadetes passam a maior parte do tempo interagindo com seus colegas de esquadrão. De certa forma, o esquadrão se torna uma segunda família: os cadetes do mesmo esquadrão comem, dormem, estudam e se exercitam juntos. Embora todos os esquadrões treinem e se recuperem exatamente da mesma forma, alguns tinham grandes melhoras no condicionamento ao longo de quatro anos, e outros não.

*Assim como doenças se espalham facilmente em grupos fechados, o mesmo acontece com a motivação.*

A constatação foi que o fator determinante para a melhora dos trinta cadetes de um esquadrão era a motivação da pessoa com pior condicionamento físico do grupo. Se a pessoa de pior condicionamento estivesse motivada a melhorar, seu entusiasmo era contagiante e todos melhoravam. Se, por outro lado, estivesse apática ou negativa, deixava todos os outros para baixo. Assim como doenças se espalham facilmente em grupos fechados, o mesmo acontece com a motivação. E ela é bem contagiosa.

O simples ato de observar os outros pode afetar sua própria motivação. Pesquisadores da Universidade de Rochester pediram aos participantes para assistirem a um vídeo de alguém que se descrevia como intrinsecamente motivado (a motivação vinha de dentro) ou externamente motivado (a motivação vinha do reconhecimento e recompensas externos) para jogar um jogo. Quem foi designado a assistir o vídeo da pessoa que se descrevia como intrinsecamente motivada afirmou também ter se sentido intrinsecamente motivado. Além disso, quando os pesquisadores deixaram os participantes sozinhos, aqueles que tinham visto o vídeo intrínseco começaram a jogar (por iniciativa própria) o mesmo jogo mostrado no vídeo, enquanto quem tinha visto o outro vídeo não o fez. Talvez o mais fascinante é que esses efeitos eram fortes independentemente de a pessoa ter identificado sua motivação como intrínseca ou externa antes do experimento. É como se a sua própria atitude não fosse nada perto da atitude das pessoas à sua volta.

A motivação não é a única emoção contagiosa. Pesquisas mostram que quando vemos alguém expressar felicidade ou tristeza (por exemplo, sorrindo ou franzindo o rosto), as redes neurais associadas a essas emoções são ativadas em nosso próprio cérebro. O mesmo acontece com a dor; apenas ver alguém sentindo dor ativa nossa resposta neurológica à dor. Isso explica porque choramos durante filmes tristes, ficamos animados entre amigos alegres e nos contorcemos ao presenciar alguém com dor. Nas palavras da psicóloga da Universidade Stanford, a Dra. Emma Seppälä: "Somos programados para ter empatia."

> *A composição do seu círculo social tem implicações profundas no seu próprio comportamento.*

Não somos apenas programados para ter empatia, mas existem fortes evidências de que temos emoções socialmente contagiosas que produzem ações e comportamentos concretos. Estudos mostram que, se um de seus amigos ficar obeso, você tem 57% mais chances de também ficar obeso. Se um de seus amigos parar de fumar, as chances de você fumar diminuem em 36%. Essas influências sociais continuam surpreendentemente fortes, mesmo no caso de conexões de segundo e terceiro graus. Se o amigo de um amigo ficar obeso, suas chances de ganhar peso aumentam em 20%. Mesmo se alguém que você mal conhece começar a fumar, suas chances de acender um cigarro aumentam em 11%. Ou seja, a composição do seu círculo social tem implicações profundas no seu próprio comportamento. Embora seja importante *o que* você faz e *quando o* faz, com *quem* faz também é.

NO AUGE DO Império Grego, Platão observou: "O que é honrado por um país será cultivado ali." O mesmo é verdade em uma equipe ou grupo social. Quando equipes esportivas têm sequências de vitórias, quase sempre se fala em uma química mágica que flui pelo vestiário. Muitas vezes, não é o time que tem o maior número de talentos que ven-

> *"O que é honrado por um país será cultivado ali." O mesmo é verdade em uma equipe ou grupo social.*

ce os campeonatos, mas o time que se une mais. Isso não é diferente fora do campo esportivo. Nas palavras do guru empresarial e corporativo Peter Drucker: "A cultura devora a estratégia no café da manhã."

---

### Práticas de Desempenho

- Reconheça o enorme poder das pessoas que o rodeiam.
- Energia positiva, motivação e determinação são contagiosas. Faça o possível para cultivar sua própria rede de apoio, cercando-se com uma cultura de desempenho.
- Lembre-se de que ser positivo e demonstrar motivação não ajuda apenas a si mesmo, mas também todas as pessoas na sua vida.
- Infelizmente, a negatividade e o pessimismo também são contagiosos. Não tolere muito nenhum deles. Uma corrente é tão forte quanto seu elo mais fraco.

---

Embora nem todos trabalhemos em equipe, a significância de quem está à nossa volta é universalmente importante. Com quem interagimos todos os dias, quem procuramos quando as coisas ficam difíceis e quem compartilha nossos espaços profissionais — tudo isso tem um impacto profundo em como nos sentimos e em nosso desempenho. Se estamos constantemente lutando contra o mindset das pessoas à nossa volta, é só questão de tempo até que nós também fiquemos para baixo, como aconteceu com alguns cadetes da Força Aérea.* Se, por outro lado, nos cercarmos de pessoas que nos apoiam, motivam e desafiam, podemos atingir patamares mais altos do que conseguiríamos sozinhos. Nas palavras da ciclista olímpica Megan

*Se nos cercarmos de pessoas que nos apoiam, motivam e desafiam, podemos atingir alturas maiores do que conseguiríamos sozinhos.*

---

\* Apatia e negatividade são especialmente perigosas em momentos de desafio. Um colega apático ou negativo explora e amplifica as dúvidas preexistentes que alguém poderia ter.

Gaurnier: "Preciso ressaltar a importância de construir uma 'vila' com os apoiadores pessoais e profissionais certos — é tudo o que importa."

## COMPARECER

As pessoas de melhor desempenho programam seus dias com estratégia: são minimalistas para serem maximalistas, garantem que seu trabalho esteja em harmonia com seu cronótipo e se cercam de pessoas solidárias e de mentes afins. Mas planejar o dia perfeito não significa nada se você não comparecer. Nas palavras do escritor James Clear: "A maior habilidade em qualquer iniciativa é fazer o trabalho. Não fazer o trabalho que você acha fácil. Não fazer o trabalho que chama a atenção. Não fazer o trabalho quando se sentir inspirado. Só fazer o trabalho."

*As pessoas de ótimo desempenho não são consistentemente ótimas, mas são ótimas em manter a consistência.*

As pessoas de ótimo desempenho não são consistentemente ótimas, mas são ótimas em manter a consistência. Elas comparecem todos os dias e fazem seu trabalho. Vários estudos de ciências sociais sugerem que as atitudes costumam seguir os comportamentos. As pessoas de alto desempenho entendem isso e, no mínimo, certificam-se de começar todos os seus dias de trabalho.

Ao escrever o rascunho de um livro, o premiado autor Haruki Murakami programa seu dia com precisão e segue uma rotina rigorosa. Mas ele é o primeiro a admitir que a rotina em si só está ali para sustentar o que mais importa — comparecer. Ele também é o primeiro a admitir que comparecer não é fácil:

> *Quando estou no modo de escrita de um livro, acordo às 4h e trabalho por 5 a 6 horas. À tarde, corro 4km ou nado 1.500m (ou ambos), depois leio um pouco e escuto música. Vou deitar às 21h. Sigo essa rotina todos os dias, sem variação. A própria repetição se torna importante; é uma forma de hipnose. Eu me hipnotizo*

*para chegar a um estado mental mais profundo. Mas manter essa repetição por tanto tempo — de seis meses a um ano — exige uma grande força mental e física. Nesse sentido, escrever um romance é como um treinamento de sobrevivência. A força física é tão necessária quanto a sensibilidade artística.*

Se pensarmos bem, tudo que foi abordado neste capítulo funciona a favor de comparecer e estar no auge quando isso acontecer. Talvez o verdadeiro segredo das pessoas de alto desempenho não seja a rotina diária que desenvolvem, mas segui-la. Comparecer, mesmo quando não têm disposição. Chame de motivação, paixão ou determinação; independentemente do que a chame, ela precisa vir de dentro. Mas, em uma reviravolta interessante, a força que vem de dentro costuma ter raízes em algo "de fora". Quando a situação aperta, as pessoas de alto desempenho não comparecem por si mesmas. Comparecem por algo maior do que elas. Na verdade, transcendem a própria noção de "si mesmas". Falaremos disso a seguir.

> *O verdadeiro segredo das pessoas de alto desempenho não seja a rotina diária que desenvolvem, mas segui-la. Comparecer, mesmo quando não têm disposição.*

# SEÇÃO 3

# PROPÓSITO

# 8
# TRANSCENDA O SEU "EU"

Assim que Tom Boyle ouviu o pânico na voz de sua esposa, soube que algo estava muito errado. "Ah, minha nossa! Tom! Tom! Você viu aquilo?", gritou ela.

O que Tom e sua esposa tinham acabado de presenciar foi Kyle Holtrust, um rapaz de 18 anos, ser atingido de frente por um Chevrolet Camaro enquanto andava de bicicleta em uma estrada suburbana de Tucson, no Arizona. Quando Boyle correu até o local do acidente, notou que as duas rodas da frente do carro estavam elevadas um pouco acima do chão. Antes que pudesse processar o que estava acontecendo, ouviu gritos: "Me tira daqui, me tira daqui! Tá doendo! Me tira daqui!" Holtrust estava vivo, mas preso sob o peso esmagador do carro.

Sem pensar, Boyle começou a erguer a frente do Camaro. Holtrust continuava gritando: "Mais alto! Mais alto!" Boyle continuou levantando. Depois do que pareceram horas, Boyle ouviu Holtrust suspirar: "Beleza. Soltou, mas não consigo me mexer. Não consigo mexer as pernas. Me tira daqui. Por favor! Por favor, me tira daqui."

Infelizmente, Boyle não podia ajudar nisso. Estava com as mãos ocupadas — com mais de 1.700kg de ferro quente que tinha tirado do chão. Enquanto continuava segurando o Camaro, Boyle gritou para o motorista que tinha atingido Holtrust, e que olhava atônito da beira da estrada, para que fosse ajudar. "Gritei com ele quatro ou cinco vezes, e aí ele finalmente esticou os braços e tirou [Holtrust] de lá debaixo", disse Boyle ao *Arizona Daily Star*. "O motorista devia estar em choque e não conseguia sair disso."

Quando finalmente foi retirado debaixo do carro, Holtrust estava em mau estado, mas consciente e vivo. Em poucos minutos, uma ambulância chegou e ele foi levado a um hospital próximo. Quando chegou lá, as lesões graves na cabeça e nas pernas foram tratadas. Holtrust precisaria de meses para se recuperar, mas sobreviveria. Considerando as circunstâncias, foi praticamente um milagre.

Embora Boyle tivesse triplicado o recorde mundial de levantamento de peso — o recorde é de 500kg, um Camaro pesa cerca de 1.700kg —, ele não estava prestes a começar a treinar halterofilismo olímpico. Simplesmente voltou ao trabalho no dia seguinte, como supervisor de uma loja de tintas. Exceto pela transformação no Incrível Hulk por alguns momentos heroicos, Boyle era um cara comum.

Essa história é incrível, mas existem outras parecidas. Essas demonstrações inacreditáveis de força são tão comuns que a comunidade científica reconhece esses atos de força "sobre-humana" e "histérica" como sendo muito reais. Atos de força sobre-humana quase sempre ocorrem em situações de vida ou morte. De acordo com o Dr. J. Javier Provencio, diretor da unidade de tratamento intensivo (UTI) neurológica da Cleveland Clinic, em circunstâncias ordinárias o corpo desliga bem antes dos seus limites. O medo, a fadiga e a dor agem como mecanismos de proteção. Essas sensações nos avisam que, se prosseguirmos com um desafio enorme, existe uma boa chance de falharmos ou nos machucarmos. Então, paramos. Mas em situações extraordinárias, como quando a vida de alguém está em jogo, somos capazes de ignorar essas defesas. Não sentimos mais medo, fadiga ou dor. Como resultado, conseguimos nos forçar a chegar perto dos nossos limites reais (como erguer um Camaro). Se alguém pedisse a Boyle para erguer um Camaro em uma tarde de domingo normal, ele teria dado risada e nem teria tentado. Mesmo que lhe oferecessem milhares de dólares para erguer o carro, ele não teria conseguido. Sua mente desligaria seu corpo. Boyle só foi capaz de erguer o carro porque Holtrust estava sendo esmagado por ele.

Mas e se houvesse uma maneira de aproveitar essa fonte de força incrível em nossas vidas e fazer uso dela com regularidade? Um professor de saúde pública da Universidade de Michigan, o Dr. Victor Strecher, diz que é possível. Ele sabe disso não apenas por sua pesquisa, mas também por sua própria vida. Ele tem experiência pessoal quando o assunto é sair debaixo dos pesos mais pesados.

## ULTRAPASSANDO OS LIMITES DO SEU "EU"

Strecher é uma lenda viva na região de Ann Arbor, Michigan. É um professor renomado, especialista nas mudanças no comportamento de saúde e um empreendedor bem-sucedido, pois vendeu sua empresa local de tecnologia em saúde a um conglomerado multibilionário em 2008. Mas, acima de tudo, Strecher é conhecido por sua energia e entusiasmo em sala de aula. Vê-lo lecionar é como ver uma performance artística, só que ele não está fazendo um show. Está totalmente envolvido com seus alunos, e sua paixão é evidente. A energia que ele traz para a sala de aula é palpável.

Em 2010, quando Brad se preparava para iniciar a pós-graduação na Universidade de Michigan, todos lhe disseram para fazer a matéria de Strecher. Não importava que Brad não fosse estudar mudanças no comportamento de saúde e comunicação, a disciplina de Strecher. "Só entre na sala do Strecher", Brad lembra de seu orientador, um economista, lhe dizendo. "Coisas boas acontecerão com o seu cérebro." Infelizmente, quando foi se matricular na turma, Brad percebeu que ele não lecionaria naquele semestre.

**Strecher e sua família** estavam de férias na República Dominicana, na primavera de 2010. O clima estava perfeito. Ele estava com sua esposa, suas filhas e os namorados delas. Se alguém sabe a importância de aproveitar esse tipo de bons momentos com entes queridos, é Strecher. Ele havia aprendido a nunca menosprezar nada.

Quando a mais nova de suas duas filhas, Julia, tinha apenas 14 meses, teve um caso terrível de catapora. O vírus se espalhou de forma desenfreada e atacou seu coração, que começou a falhar rapidamente. A saúde de Julia piorou muito rápido e sua vida estava por um triz. Ela precisava de um milagre e conseguiu. Em 14 de fevereiro de 1991, no Centro Médico da Universidade da Carolina do Norte, Julia passou por um dos primeiros transplantes cardíacos pediátricos da história. Funcionou. Ela sobreviveu.

Oito anos depois, Julia, com 9 anos, ficou doente de novo. Embora Strecher e sua esposa, Jeri, tentassem não ficar extremamente nervosos com cada susto (e quem poderia culpá-los por isso?), perceberam que havia algo muito errado com sua filha. Sua intuição estava certa. Eles a levaram ao médico e tiveram que enfrentar a pior notícia possível: seu segundo coração estava falhando. Ela precisava de outro milagre, outro coração. Para os Strechers, foi uma volta à UTI pediátrica e às noites sem dormir que a acompanham.

Julia recebeu outro coração, mas dessa vez o transplante teve complicações graves. Strecher achou que sua filha morreria. Ele se lembra de que sua esposa, mesmo nesse momento horrível, pensava apenas em fazer o bem. "Jeri estava se certificando de que havia um plano para extrair e doar os órgãos de Julia", disse. "Achamos mesmo que aquele era o fim." Mas eis que sua filha se recuperou. Strecher diz que ninguém soube explicar na época, e que ainda não sabem explicar hoje. Foi outro milagre.

Julia cresceu e se tornou uma jovem esperta e bonita. Estava terminando seu primeiro ano de enfermagem quando ela e o namorado foram à República Dominicana com a família para as férias de primavera. Tudo estava perfeito — até não estar mais. Em 2 de março de 2010, o coração de Julia de repente parou de bater. Dessa vez, nem aquele coração nem qualquer outro colocado dentro do seu peito funcionariam novamente. Aos 19 anos, com o que deveria ter sido uma vida inteira pela frente, Julia morreu.

Um coração partido levou a outro. Strecher se fechou em um mundo muito sombrio, sofrendo da forma que só alguém que perdeu um filho poderia entender. Após o segundo transplante, consciente de que a vida de Julia era mesmo uma bênção, Strecher havia assumido o propósito de ajudar sua filha a ter uma vida longa e próspera. Viajaram juntos pelo mundo, andaram de elefante na Tailândia, de parapente nas Montanhas Rochosas e saltaram de uma rocha de 9m de altura para dentro de uma lagoa. Mas esse propósito morreu com Julia. "Eu não me importava mais com a vida", recordou. "Havia perdido o rumo."

Três meses após o falecimento de sua filha, Strecher se mudou, sozinho, para uma cabana isolada no norte de Michigan. Certa manhã, após sonhar com Julia, ele remou um caiaque até o meio de um lago. Eram apenas 5h. O sol estava nascendo, e além das pequenas ondas causadas por seu barco, Strecher não tinha nada além da água parada à sua volta. "Comecei a chorar e senti que Julia estava comigo", relembra. "Ela disse: 'Você precisa seguir em frente, Papai.'"

Mais tarde, Strecher percebeu que isso aconteceu no Dia dos Pais.

NAQUELE MOMENTO, Strecher reconheceu o quanto estava vazio. Ele nos disse que Julia falara com ele, fazendo com que percebesse que não poderia continuar vivendo assim — sem um "porquê". Ele precisava renovar seu propósito. Então, teve uma epifania. Imaginou que talvez, ao reacender seu próprio propósito, pudesse ajudar os outros a encontrar os deles. Tinha uma forte sensação de que Julia estava lhe dizendo para tomar esse caminho.

Apegando-se a essa mensagem de sua filha, Strecher não perdeu tempo. Mudou grande parte de sua pesquisa para entender o poder do propósito. Também voltou a lecionar. Como podemos imaginar, não foi fácil. "Eu via o rosto de Julia em cada aluno", disse. Com o passar do tempo, Strecher se dedicou a desenvolver novos propósitos em sua própria vida. Um deles viria a ser "ensinar a cada um dos meus alunos como se fossem minha própria filha".

Então, algo notável aconteceu. Strecher começou a se sentir melhor. Ainda estava sofrendo, mas conseguiu sair do mundo sombrio em que havia entrado. Obviamente, seu progresso não foi imediato, mas começou a se sentir melhor ao acordar todo dia. Voltou a gostar de viver. E, em uma confluência fascinante de eventos, sua pesquisa o ajudava a explicar a transformação que vivenciava.

Strecher descobriu que, no decorrer da história, quando as pessoas se concentram em um propósito autotranscendental, algo maior do que si mesmas, tornam-se capazes de mais do que jamais julgavam ser possível. Strecher acredita que isso acontece porque, quando nos concentramos profundamente em algo além de nós mesmos, nosso ego é minimizado. Uma grande parte da função do ego é literalmente proteger nosso "eu". É ele que nos diz para desligar tudo e fugir quando enfrentamos ameaças. Porém, ao transcender nosso "eu" e minimizar o ego, podemos superar os medos, ansiedades e mecanismos de proteção psicológica que costumam nos impedir de atingir grandes descobertas. Surge um novo reino de possibilidades.

*Ao transcender nosso "eu" e minimizar o ego, surge um novo reino de possibilidades.*

Concentrando-se em ajudar os outros e a ensinar seus alunos como se fossem sua filha, Strecher conseguiu superar a perda de Julia. Concentrando-se em salvar a vida de Kyle Holtrust, Boyle conseguiu erguer um carro de 1.700kg. Embora essas histórias pareçam diferentes à primeira vista, são dois exemplos de como pessoas que canalizam um propósito transcendente podem superar a dor, o medo e a fadiga e conquistar algo que parecia impossível.

Para entender melhor como funciona esse fenômeno, é bom observarmos uma área inesperada: a fisiologia do exercício.

## A FADIGA É SÓ COISA DA SUA CABEÇA?

No começo dos anos 1990, em um laboratório de fisiologia na Universidade da Cidade do Cabo, na África do Sul, o Dr. Tim Noakes, um cientista esportivo, desvendou uma nova forma radical de imaginar a fadiga. Até então, o consenso prevalecente era de que a fadiga ocorria no corpo. Com certa intensidade ou duração do esforço físico, as exigências sobre nossos músculos ficam grandes demais e os músculos acabam falhando. Pergunte a qualquer atleta, de maratonistas a halterofilistas, e eles terão familiaridade com a sensação. Não é particularmente confortável. Começa como uma queimação gerenciável e vai piorando até se tornar insuportável. O ritmo do corredor é reduzido a quase nada; o halterofilista não consegue erguer os pesos para a última repetição. Não importa o quanto tentem, simplesmente acabou o combustível e seus músculos pararam de se contrair.

Porém, Noakes não estava convencido de que a fadiga acontecia no corpo ou que os músculos ficavam realmente sem combustível. Ele se perguntou por que tantos atletas, que pareciam dominados pela fadiga, eram subitamente capazes de acelerar durante a reta final de uma prova, com a chegada à vista. Se os músculos estivessem mortos mesmo, supôs Noakes, essas disparadas até a linha de chegada seriam impossíveis. Para provar seu ponto, ele prendeu sensores elétricos a atletas e os instruiu a erguer pesos com as pernas até que simplesmente não conseguissem mais. (Na ciência esportiva, isso é chamado de "indução de falha muscular".) Quando os pesos eram largados e cada participante estava esgotado, afirmando que não conseguia mais contrair os músculos, Noakes passava uma corrente elétrica pelo sensor. Para a surpresa de todos — especialmente dos participantes com as pernas mortas — os músculos se contraíam. Embora os participantes não pudessem contrair os músculos sozinhos, Noakes provou que seus músculos ainda tinham o que oferecer. Os participantes estavam esgotados, mas, com base nas observações, seus músculos não.

Noakes repetiu versões semelhantes do experimento e observou o mesmo resultado. Embora os participantes afirmassem estar totalmente esgotados e incapazes de contrair os músculos após chegarem ao que *pensavam* ser uma falha, com estímulos elétricos, sem exceção, seus músculos produziam força adicional. Isso levou Noakes a concluir que, ao contrário do que se acreditava, a fadiga física não ocorre no corpo, mas no cérebro. Não são nossos músculos que se esgotam; na verdade, é nosso cérebro que os desliga quando eles ainda têm algumas reservas para oferecer. Noakes especula que essa é uma forma programada de proteger a nós mesmos. Fisiologicamente, poderíamos forçar nosso corpo até a falha real (ou seja, lesões e falha de órgãos), mas o cérebro intervém e cria a percepção de falha antes que nos machuquemos. O cérebro, observou Noakes, é nosso "governante central" da fadiga. É nosso "ego" nos desligando quando confrontado por medos e ameaças. Em outras palavras, somos programados a fugir quando a situação aperta. Mas, como Boyle e Strecher demonstraram, é possível ignorar esse governante central.

## PROPÓSITO E COMO IGNORAR O GOVERNANTE CENTRAL

A Trilha dos Apalaches (AT, do inglês) tem 3.500km e vai da Springer Mountain, na Geórgia, ao Monte Katahdin, no Maine. A maioria das pessoas leva de cinco a sete meses para atravessar a AT inteira. Mas, em 2011, uma jovem chamada Jennifer Pharr Davis tentava quebrar o recorde de velocidade, terminando a caminhada em menos de cinquenta dias.

Infelizmente, no 12º dia de sua caminhada para bater o recorde, com mais de 2.600km restantes, Pharr Davis estava quebrada, esgotada e pronta para desistir. A combinação que talvez seja a mais devastadora para andarilhos — canelite e diarreia — estava demolindo seu corpo nos últimos quatro dias. Pensamentos negativos e medo envenenavam sua mente. "Foi a tempestade perfeita", disse Pharr Davis. "Eu já estava bem fora do ritmo e pensei: 'Não tenho chances de bater o recorde.' Desisti." Ela se aproximou de uma junção de estradas em New Hampshire, onde encontraria seu marido, Brew, que estava no apoio da caminhada. Ela ficou triste por desistir, mas aliviada por acabar com aquilo.

A preparação até aquele ponto tinha começado sete anos antes, quando Pharr Davis tinha 21 anos. Ao terminar a faculdade, percebeu que sua educação tradicional tinha "acontecido dentro de uma caixa". Ela não sabia nada sobre o ambiente natural e sentia que faltava algo vital em sua existência humana. Embora não tivesse certeza do motivo, sentia falta de uma conexão com a natureza.

Então, ao se formar em 2005, Pharr Davis partiu pela AT pela primeira vez. A experiência ensinou-lhe muito mais do que habilidades rudimentares de mochileira. "Conheci companhias incríveis e senti uma admiração indescritível", disse. "Aprendi a priorizar pessoas e experiências, e não coisas." Mas, acima de tudo, ela se conectou à natureza de uma forma visceral. "Descobri que a natureza não é algo separado de mim, mas que posso fazer parte da natureza, fluir com ela." Pharr Davis disse que se sentiu perto de Deus durante a trilha. "Percebi que talvez minha vocação seja a capacidade de andar rapidamente pelo ermo. Como cristã, me senti obrigada a fazer uso dela."

E foi isso que ela fez. Pharr Davis se tornou uma trilheira ávida e passava cada vez mais tempo na natureza. Poucos anos depois, em 2008, com mais treino e o apoio (na trilha e fora dela) de seu novo marido, Pharr Davis completou a AT em 57 dias. Foi a marca mais rápida da história para uma mulher. Nesse ponto, caminhar havia se tornado parte integral de sua vida. Ela começou a pensar: "Talvez eu consiga quebrar o recorde geral."

O recorde geral era de 47,5 dias e fora obtido por uma série de atletas competitivos masculinos, especializados em eventos de ultrarresistência. Apesar de Pharr Davis quebrar o recorde geral ser o equivalente a uma mulher vencer todos os homens profissionais na Maratona de Boston (ou seja, impensável), ela tinha uma autoconfiança inabalável e o apoio de seu marido, Brew. Eles se dedicaram a tentar e passaram os três anos seguintes de suas vidas em treinos e preparação.

Vamos avançar até 28 de junho de 2011, quando a determinação de Pharr Davis e suas chances de quebrar o recorde geral acabaram de repente quando ela se aproximou de Brew nas estradas de New Hampshire. "Finalmente cheguei até ele e disse que ia desistir", disse, mas "ele não aceitou". Brew, que estava apoiando a tentativa de quebrar o recorde, lembrou-a de que ele havia dedicado muito de si mesmo a ela e que aquele era um esforço em equipe. Foi só então, olhando nos olhos de seu marido, que ela percebeu algo crucial. "Até ali, tudo se resumia a mim mesma e ao recorde", disse. "Eu virei escrava do recorde; era tudo no que eu conseguia pensar." Mas, naquele momento, Pharr Davis teve uma revelação que mudou tudo:

> *Eu me libertei totalmente do recorde. Comecei a caminhar movida por uma fé maior. Queria honrar meu Deus, voltar aos motivos que fizeram com que eu me apaixonasse pelas trilhas — o amor pela vida selvagem, o amor pelo meu marido e o uso da minha vocação. Lembrei que me sinto mais perto de Deus quan-*

*do subo e desço trilhas no meio da natureza, quando amo meu marido e quando desfruto da minha vocação. De repente, a caminhada deixou de ser pelo recorde, deixou de ser por mim. Tudo aquilo passou a ser um ato de adoração de algo maior do que eu.*

Apesar do seu desconforto físico ter crescido e diminuído durante a caminhada, a angústia psicológica de Pharr Davis evaporou após a mudança de paradigma. Quando parou de se concentrar em si mesma e mergulhou em pensamentos além de si mesma, ela saiu rapidamente do buraco em que havia caído. Sentiu-se renovada, descansada e energizada. Ela disse que sua fadiga diminuiu e que ficou mais confortável ao confrontar seus medos. Com sua mente repleta de amor por seu marido, pela natureza e por seu deus, ela seguiu em frente.

Trinta e quatro dias depois, com médias de mais de 75km por dia em terreno acidentado, Pharr Davis conseguiu o impossível. Ela derrubou o recorde geral por 26 horas, um feito que lhe rendeu o título de Aventureira do Ano da National Geographic.[*]

**Quando contamos a história de Pharr Davis** a Strecher, o professor da Universidade de Michigan que estuda o propósito, ele respondeu com um e-mail peculiarmente curto: "Uau." Depois, nos disse que a experiência de Pharr Davis na Trilha dos Apalaches é um exemplo profundo de minimização do ego. Explicou que ela estava fazendo uso do poder do propósito para superar seus medos e dúvidas, e nos indicou novos estudos cerebrais que explicam o que pode ter acontecido dentro da cabeça dela.

Em um estudo recente publicado em *Proceedings of the National Academy of Sciences*, pesquisadores, incluindo Strecher, usaram ressonâncias magnéticas funcionais para examinar o que acontece no cérebro de pessoas que recebem mensagens ameaçadoras. As pessoas que foram

---

[*] Na primavera de 2016, um atleta de ultrarresistência chamado Karl Meltzer definiu um novo recorde de 45 dias e 22 horas. Curiosamente, quando Brad o entrevistou para a revista *Runner's World*, ele disse que sempre que se sentia mal, expressava gratidão àqueles que o apoiavam e imediatamente se sentia melhor. Quanto menos Meltzer pensava em si mesmo, melhor era seu desempenho.

instruídas a refletir profundamente sobre seus valores básicos antes de receber uma mensagem ameaçadora apresentavam atividade neural elevada em uma parte do cérebro associada à "avaliação positiva". Ou seja, sua neurologia subjacente ficava mais receptiva a uma situação que seria ameaçadora em outras situações. Estavam ignorando seu governante central. Em vez de fazer com que se desligassem ao encarar uma ameaça, seus cérebros as levavam em direção ao desafio. Além disso, esses efeitos não eram limitados ao laboratório. As pessoas que refletiam sobre seus valores básicos realmente chegavam a superar ameaças e medos em suas vidas com taxas muito maiores do que um grupo de controle.

O que Pharr Davis realizou fisicamente na AT é extraordinário e sem dúvida exige uma vocação que depende ao menos parcialmente da genética. Mas o que ela fez psicologicamente não é menos impactante e está acessível a todos nós. Ao focar algo além de nós mesmos e refletir sobre nossos valores básicos, todos podemos confrontar desafios com mais coragem e melhorar nosso desempenho.

Não é só o desempenho físico que melhora com um propósito autotranscendente. Em uma meta-análise de mais de 200 mil trabalhadores (não atletas) em diversos setores, pesquisadores descobriram que o ato de acreditar que seu trabalho tem um impacto positivo sobre os outros está associado a um desempenho melhor. Outra pesquisa sugere que o propósito reduz o burnout e também ajuda a seguir comportamentos saudáveis desafiadores, como fazer dieta ou parar de fumar. Tudo isso faz sentido. Em situações que parecem assustadoras ou insuperáveis, nosso cérebro — nosso governante central, nosso ego, nosso "eu" — tenta nos proteger automaticamente do fracasso. Ele nos desliga e nos diz para seguir o caminho oposto. Mesmo que o fracasso não represente uma lesão física, nosso ego também não gosta de lesões emocionais — não quer correr o risco de passar vergonha, então nos empurra para uma rota segura. Só quando transcendemos nosso "eu" é que podemos romper os limites que impomos a nós mesmos.

*Ao focar algo além de nós mesmos e refletir sobre nossos valores básicos, todos podemos confrontar desafios com mais coragem e melhorar nosso desempenho.*

> ## Práticas de Desempenho
>
> - Nosso "ego", "eu" ou "governante central" serve como mecanismo de proteção e nos afasta de chegar a nossos limites reais.
> - Quando enfrentamos grandes desafios, nosso ego é programado biologicamente para nos desligar e nos colocar no caminho oposto.
> - Mantendo o foco em um propósito autotranscendente, em um motivo para fazer algo além do "eu", podemos ignorar nosso ego e ultrapassar os limites que impomos a nós mesmos.
> - Até onde conseguir, conecte suas atividades a um propósito maior (mais sobre isso no Capítulo 9). Dessa forma, quando tiver que encarar desafios formidáveis e sua mente lhe disser para desistir, você pode perguntar a si mesmo por que está fazendo aquilo. Se a resposta for "por alguém ou algo maior do que eu", será mais provável que você persista.
> - Pensar menos no "eu" é uma das melhores formas de melhorar a si mesmo.

Em uma reviravolta paradoxal, quanto menos pensamos em nós, melhores nos tornamos.

## PROPÓSITO E MOTIVAÇÃO

Um propósito autotranscendente não nos permite apenas superar nossos maiores medos e ultrapassar nossos limites, também melhora o desempenho em atividades menos heroicas do cotidiano. Em um estudo, pesquisadores da Wharton School da Universidade da Pensilvânia observaram que os faxineiros de hospitais que limpavam penicos e lavavam os pisos tinham desempenho melhor e expressavam mais satisfação quando seu trabalho era descrito como essencial para a recuperação dos pacientes. Os faxineiros eram sempre lembrados de que, ao manter o hospital limpo, eles minimizavam as chances de bactérias proliferarem e prejudicarem os pacientes vulneráveis. Eles não viam mais seu trabalho como apenas limpar vômito do chão, mas sim como salvar vidas. Alguns hospitais chegaram a eliminar cargos como "faxineiro" e "zelador", optando por nomes como "membro da equipe de saúde e segurança" ou "profissional de saúde ambiental".

Outra pesquisa indica que universitários trabalhando com solicitação de doações por telefone a ex-alunos tiveram desempenho melhor após um aluno recém-formado falar com eles sobre como estava agradecido pelo trabalho que faziam. Mas não era qualquer aluno; ele havia frequentado a universidade com dinheiro de bolsas angariado pelos esforços dos contatos feitos pelos alunos. No mês após esse encontro, os alunos solicitadores coletaram 171% mais dinheiro.

Esses são apenas dois de vários exemplos que mostram como conectar seu trabalho a um propósito maior melhora o desempenho no dia a dia, até mesmo em tarefas mundanas. Basta se perguntar: é mais provável que você se entregue totalmente a algo se souber que, ao fazer isso, ajudará alguém ou uma causa maior? Para quase toda pessoa de alto desempenho que perguntamos, a resposta foi um sim entusiasmado.

Para saber mais sobre por que isso acontece, como fizemos para saber como o propósito nos ajuda a superar nossos medos, decidimos romper novamente as barreiras disciplinares e estudar a ciência esportiva.

O Dr. Samuele Marcora é diretor de pesquisa na School of Sport and Exercise Sciences da Universidade de Kent. Como Noakes, Marcora acredita que a fadiga tem componentes físicos e psicológicos. Mas, ao contrário de Noakes, Marcora acredita que a fadiga é mais complicada do que um governante central protetor que só nos desliga quando chegamos perto de nossos limites. Ele acredita que pesamos constantemente nossas percepções de esforço associadas a uma atividade (isto é, a dificuldade de algo) contra nossa motivação

*Basta se perguntar: é mais provável que você se entregue totalmente a algo se souber que, ao fazer isso, ajudará alguém ou uma causa maior? Para quase toda pessoa de alto desempenho que perguntamos, a resposta foi um sim entusiasmado.*

para realizar essa atividade. Quando a percepção do esforço é maior que a motivação, desaceleramos ou aliviamos até as duas se equilibrarem. A conclusão é que, quanto mais motivados estivermos, maior a percepção de esforço que estaremos dispostos a tolerar. De acordo com Marcora, um atleta pode melhorar seu desempenho reduzindo sua percepção de esforço (ou seja, treinando seu corpo para que correr milhas de cinco minutos *pareça* mais fácil) ou aumentando sua motivação.

Quando o assunto é aumentar a motivação, várias pesquisas sugerem que fazer algo pelos outros é muito mais eficaz do que incentivos tradicionais como dinheiro ou reputação. Talvez seja por isso que após desempenhos incríveis de quebra de recordes — que invariavelmente exigiram dor e sofrimento imensos — os atletas nunca digam que estavam pensando em como seria ótimo vencer ou quanto dinheiro receberiam. Em vez disso, após cruzar a linha de chegada, quase sempre afirmam que na hora da dor pensavam na família, em seu deus ou em um amigo com câncer. Conseguiram suportar a dor, dizer "mais" quando seus corpos gritavam "menos", pois eram extremamente motivados por um propósito autotranscendente.

Um de nossos exemplos favoritos é Ashton Eaton, decatleta duas vezes campeão olímpico que alguns afirmam ser o maior atleta de todos os tempos. Para quebrar o recorde mundial no campeonato de 2015, Eaton tinha de correr no evento final, os 1.500m, mais rápido do que quatro minutos e dezoito segundos. Isso por si só já era um desafio significativo. Mas ele já tinha concluído os outros *nove* eventos e mais ou menos garantido a medalha de ouro. Ou seja, estava morto de cansaço e tinha pouco a ganhar com uma entrega total, especialmente porque o recorde que quebraria já era seu, de alguns anos antes.

Mesmo assim, decidiu tentar. "Por quê?", você pode se perguntar. Eaton disse à imprensa que, quando a dor veio, "eu só pensava que não era por mim, então eu tinha que fazer isso". Quando pediram mais explicações, disse: "Sério, eu só pensava em mim mesmo, sentado no sofá quando era pequeno, vendo alguém como Michael Johnson ou Carl Lewis saltar e correr, e é por esse motivo que estou aqui hoje. Pensei que talvez exista uma criança em algum sofá pelo mundo, e se eu quebrar o recorde mundial ela fique inspirada a fazer alguma coisa." Eaton correu os 1.500m em quatro minutos e dezessete segundos.

Outro exemplo é Meb Keflezighi, que, em 2014, tornou-se o primeiro norte-americano a vencer a Maratona de Boston em mais de trinta anos. Sua vitória histórica foi mais especial ainda porque ocorreu apenas um ano depois do terrível ataque terrorista da corrida de 2013. Ele creditou seu desempenho incrível à inspiração que sentiu correndo por aqueles que tinham morrido no ataque terrorista no ano anterior (conhecido como Atentado de Boston). Ele até escreveu seus nomes no seu número de peito. Representando as vítimas do ataque do ano anterior e também por ser o melhor norte-americano na corrida, ele correu com mais propósito e motivação. "Perto do fim eu me lembrava das vítimas que morreram", disse. "Elas me ajudaram a continuar."

Embora a pesquisa de Marcora e os exemplos de Eaton e Keflezighi sejam do atletismo, é fácil ver essa teoria ganhar vida em outras áreas. Por exemplo, ao conectar seu trabalho com um propósito maior, os zeladores de hospital e os alunos solicitadores melhoraram bastante sua motivação. Como resultado, conseguiram tolerar uma percepção maior de esforço no trabalho, seja pela limpeza mais árdua ou por ligar a mais ex-alunos, com maior foco e envolvimento. No fim, seu desempenho melhorou.

> *O propósito alimenta a motivação, a motivação nos permite suportar uma maior percepção de esforço, e isso costuma resultar em melhor desempenho.*

O propósito alimenta a motivação; ela nos permite suportar uma maior percepção de esforço, e isso costuma resultar em melhor desempenho. Essa equação é verdadeira em qualquer área — das pistas de corrida ao escritório. E como estamos prestes a ver, também é verdadeira no estúdio de artes.

**EMIL ALZAMORA TEM A ARTE** no sangue. Sua mãe e sua avó eram artistas de sucesso. Ele cresceu em Lima, no Peru, próximo do estúdio de cerâmica em que sua família trabalhava. Aprendeu a desenhar antes de andar. "A arte estava em toda parte", relembra. "Eu estava totalmente mergulhado nela."

Embora nunca tenha se sentido pressionado pela família a buscar a arte, foi atraído naturalmente por ela. Em certo ponto, mudou-se para os Estados Unidos, onde estudou na Faculdade de Belas Artes da Universidade do Estado da Flórida, formando-se com honras. O único problema era que, embora sua educação o tivesse ensinado tecnicamente sobre teoria e história da arte, não aprendera muito sobre escultura, a forma que mais o atraía.

Para ganhar a experiência real de que precisava, mudou-se para Nova York e começou a trabalhar na Polich Tallix, uma fundição reconhecida internacionalmente. Lá, trabalhou ao lado de alguns dos melhores escultores do mundo. "Precisei de muito vigor, mas pela primeira vez eu estava aprendendo a ser um escultor", explica. Alzamora aprendeu rápido e cresceu rápido na cena artística. Não demorou para que suas obras fossem expostas em todo o mundo, em locais que incluíam o prédio das Nações Unidas, a sede mundial da PepsiCo e o Queens Museum. Também recebeu críticas positivas de várias publicações, incluindo a prestigiada sessão de artes do *New York Times*. Mas, apesar dos elogios e honrarias serem ótimos, para Alzamora o trabalho inerente é melhor ainda. "Eu me sinto como um atleta de resistência", disse Alzamora. "Minha abordagem da escultura é um tormento físico. Uma batalha constante contra a fadiga."

Apesar disso, as exigências físicas são pequenas quando Alzamora considera seus deveres para com sua família. Tentar construir uma carreira na arte é arriscado. Não há segurança, nem garantias. O artista está sujeito às vontades do dono da galeria, do crítico, do colecionador, e é comum sofrer altos e baixos dramáticos. Embora sejam necessários anos de trabalho árduo, risco e pouca renda para ter uma chance de chegar ao topo do mundo da arte, depois pode ser difícil permanecer lá. Como mencionamos na Introdução deste livro, a ansiedade e a depressão são muito comuns em artistas, e Alzamora admitiu sentir ansiedade. Mas ele nos disse que, ao acordar pela manhã, sua "missão de promover o crescimento e a positividade com minha arte é maior que minha ansiedade".

"É uma verdadeira luta lidar com todas as partes não artísticas do mundo da arte", disse Alzamora. "Pode ser um ambiente feroz, cheio de política e traições." Ele continuou, dizendo que costuma se sentir desencorajado e esgotado com todos os aspectos comerciais do setor: a "venda" não apenas de sua obra, mas de si mesmo. "Se dependesse de mim, eu acordaria, tomaria café da manhã e faria arte o dia todo, todos os dias. Infelizmente, não posso mais fazer isso."

Alzamora é realista: sabe que precisa ganhar a vida para sustentar sua família. Mas isso não facilita suportar tudo que é alheio à arte, que passa a exigir mais tempo e energia conforme fica mais conhecido. Ele nos disse que, quando está mais enfadado — à beira de querer desistir de tudo — não pensa nas recompensas financeiras ou no reconhecimento que receberá por sua próxima grande obra. "Quando estou bem para baixo e me afogando, lembro do *porquê* faço isso, em primeiro lugar", disse. "Crio minha arte para fazer as pessoas rirem, chorarem, se conectarem umas com as outras e com o planeta. Para fazer parte de algo maior. Isso faz com que aguentar toda a sujeira valha a pena."

## PROPÓSITO E GARRA

A Dra. Angela Duckworth, psicóloga da Universidade da Pensilvânia, diria que Alzamora é um artista particularmente "perseverante". Ela recebeu uma Bolsa MacArthur "para gênios" por seu trabalho sobre "garra", a tendência de manter o interesse e o esforço em objetivos de longo prazo. Duckworth diz que a garra é "marca registrada do alto desempenho em qualquer área". Pessoas com garra continuam ali e perseveram quando os outros desistem.

Duckworth descobriu que a persistência não é inata, mas pode ser cultivada com o tempo. Embora não haja uma única maneira de desenvolver a garra, a característica costuma ser acompanhada de um forte senso de propósito. Especialmente quando a situação aperta, pessoas com garra se inspiram em uma causa maior para se manterem firmes. Como Duckworth e seus colegas escreveram em um artigo de 2014: "Experiências altamente aversivas podem ser mais suportáveis quando consideramos que terão consequências positivas que transcendem o eu." O poder do propósito ataca novamente, dessa vez como um tema que sustenta a garra.

> *Quando a situação aperta, pessoas com garra se inspiram em uma causa maior para se manterem firmes.*

Talvez o exemplo mais extremo de garra seja visto nos sobreviventes do Holocausto. Mesmo após sofrerem fome e torturas e verem seus entes queridos serem mandados para as câmaras de gás, os sobreviventes do Holocausto continuaram lutando pela vida. Embora os terrores desse massacre sejam inimagináveis para aqueles de nós que não passaram por isso, um psiquiatra e sobrevivente do Holocausto chamado Dr. Viktor Frankl explicou como ele e outros conseguiram sobreviver. Em seu livro, *Em Busca de Sentido*, Frankl escreveu: "Um homem que se torna consciente da responsabilidade que tem para com um ser humano que o espera afeiçoadamente, ou para com um trabalho inacabado, jamais conseguirá jogar sua vida fora."

É claro que esse é o exemplo mais extremo, e não estamos, de forma alguma, tentando comparar um momento complicado no escritório ou na academia com sobreviver ao Holocausto. Mas decidimos incluir as revelações de Frankl porque elas exemplificam, de forma bem profunda e extrema, como a motivação de um propósito autotranscendente permite que alguém suporte até mesmo as situações mais exigentes — ou terríveis.

## Práticas de Desempenho

- Equilibramos constantemente a percepção do esforço, a sensação de dificuldade de algo, com a motivação.
- Se queremos suportar mais esforço, que costuma levar a um melhor desempenho, podemos precisar aumentar nossa motivação.
- A melhor maneira de aumentar a motivação é ligar nosso trabalho a um propósito ou causa maior.
- Concentrar-se nas atividades que ajudam os outros não apenas torna o mundo um lugar melhor, como também melhora o seu desempenho.
- Especialmente quando estivermos cansados ou esgotados, devemos pensar *por que* estamos fazendo o que fazemos.

## DEVOLVER PARA VOLTAR

O burnout tende a atacar nos piores momentos. Se você for atleta, poderia estar com a melhor forma da sua vida, ou quase lá. Se for um executivo, talvez tenha acabado de receber a promoção que trabalhou arduamente para conseguir. Se for um artista, talvez esteja quase terminando sua obra-prima. Então, de repente, você não sente mais vontade de fazer aquilo. Perde a motivação, a paixão e o interesse. Você se esgota.

O burnout está intimamente ligado à nossa resposta ao estresse de enfrentar ou correr. Após um período prolongado de estresse excessivo, nosso gatilho de "fuga" é ativado, fazendo com que fujamos do que causa o estresse. O burnout é muito comum em pessoas que estão se esforçando ao máximo. Isso acontece porque crescer e melhorar de forma contínua exige aumentar o estresse no decorrer de dias, semanas, meses e anos. Como discutimos na Seção 1 deste livro, alternar entre períodos de estresse e descanso ajuda a prevenir o burnout. Mesmo assim, quando chegamos perto de nosso ponto de ruptura (lembre-se, o objetivo é esse), corremos o risco de forçar um pouco demais e ultrapassar o tênue limite. Quando isso acontece, começamos a nos sentir esgotados.

O consenso tradicional sobre burnout recomenda que tiremos uma folga prolongada do trabalho, seja ele qual for. Às vezes isso pode ser eficaz, mas normalmente não é uma opção. Um atleta buscando as Olimpíadas não pode parar de treinar por seis meses antes de um classificatório, e a maioria das pessoas não pode largar o emprego por três meses. Sem mencionar que, quando as pessoas se afastam completamente da atividade que levou ao burnout, muitas perdem sua conexão e nunca voltam.

A boa notícia é que a ciência comportamental oferece uma abordagem alternativa para gerenciar o burnout que não exige pausas prolongadas e tem o potencial de fortalecer sua determinação e motivação. Chamaremos isso de "devolver para voltar", e sua base é a pesquisa dos professores de psicologia Dra. Shelley Taylor, da Universidade da Califórnia, Los Angeles, e Dr. Adam Grant, da Wharton School da Universidade da Pensilvânia. A premissa básica do "devolver para voltar" é que, quando o burnout ataca, em vez de se afastar do trabalho, você, na verdade, precisa se aproximar mais dele, mas de maneira diferente.

Essa maneira diferente é "devolvendo" para sua área. Isso pode ocorrer de várias formas, inclusive voluntariado e mentoria, mas a ideia básica é que você deve se concentrar em ajudar os outros. Isso ativa os centros de recompensa e prazer do cérebro, que não só faz com que você se sinta melhor, mas também ajuda a reassociar emoções positivas aos seus interesses. Por esses motivos, devolver costuma resultar em energia e motivação renovadas. Em seu best-seller do *New York Times, Dar e Receber*, Grant menciona pesquisas de várias áreas — do ensino à enfermagem — para mostrar que devolver é um antídoto poderoso para o burnout.

*Devolver é um antídoto poderoso para o burnout.*

Mas o ensino e a enfermagem não são áreas inerentemente prestativas? Na teoria, sim, e é por isso que atraem pessoas naturalmente inclinadas a doar. Mas, como qualquer professor ou enfermeiro pode lhe dizer, no desgaste diário do trabalho é muito fácil perder de vista o impacto direto nos alunos/pacientes e sentir-se como uma engrenagem de uma máquina ineficiente. É por isso que oferecer oportunidades para que professores e enfermeiros ajudem diretamente os outros de forma a gerar resultados tangíveis provou ser um redutor do burnout. Grant escreveu que ter um "senso de impacto duradouro protege contra o estresse e previne a exaustão", e encoraja as pessoas em trabalhos estressantes a buscar ativamente oportunidades de "devolver" de maneiras íntimas.

Embora pudéssemos passar horas falando da pesquisa impressionante de Grant sobre os poderes de devolver, sua história pessoal é igualmente marcante. Muito antes de se tornar um autor de best-sellers e um dos professores mais renomados do país, Grant era mergulhador competitivo e venceu duas honrarias estudantis da All-America antes de mergulhar por Harvard.

Durante nossa discussão sobre "doar", Grant refletiu sobre seu último ano do ensino médio, quando enfrentou um caso sério de burnout: "Na época, mergulhar era minha vida. Eu treinava nove horas por dia no verão entre meus dois últimos anos, tanto que eu colocava fita adesiva nas solas dos pés como segunda camada de pele para aguentar as bolhas que surgiam de raspar contra o trampolim o dia todo." O treinamento de Grant tinha rendido mais do que o esperado e ele estava bem a caminho do maior evento do seu último ano. Estava na melhor forma de sua vida — ele nos disse que "estava pronto para o auge do desempenho". Então, teve um dia ruim. O que deveria ter sido o auge de quatro anos de trabalho árduo e dedicação se transformou em um desastre total. Ele errou seus mergulhos e foi derrotado por um bando de atletas que já havia derrotado antes com facilidade. "Entrei em um mundo sombrio", disse Grant. "Fiquei deprimido e nunca mais queria encostar em um trampolim."

Em sua mente, ele estava farto do esporte e não queria mais mergulhar pelo circuito universitário, mas outras pessoas da comunidade do mergulho não conseguiam ver sua carreira terminar assim, especialmente com os melhores anos ainda pela frente. Após muitas broncas carinhosas, os mentores de Grant finalmente o convenceram a voltar às piscinas. Não como atleta, mas como técnico de mergulhadores mais novos. "Isso me renovou completamente", disse Grant sobre ser técnico. "Eu extraía uma quantidade enorme de felicidade por trabalhar com outros mergulhadores e vê-los melhorar. Isso me lembrou do que eu amava no mergulho no começo de tudo — de quanto crescimento pessoal eu vivenciei no esporte." Não demorou, após seu início como técnico, para que Grant voltasse aos trampolins e seguisse com uma carreira bem-sucedida no mergulho universitário.

Um de nós, em especial, se identificou com essa história. Como dissemos antes, Steve estava mais do que esgotado de correr. Houve um período em que ele não queria nem saber do esporte ao qual havia dedicado boa parte dos primeiros 22 anos de sua vida. Mas não foi uma pausa prolongada ou psicologia esportiva que trouxeram Steve de volta à comunidade das corridas. Foi tornar-se treinador. Muito antes de treinar atletas olímpicos, Steve treinou corredores escolares.

Assim como Grant treinou mergulhadores, Steve sentiu a plenitude do voluntariado, ajudando a treinar uma equipe de adolescentes em frangalhos que precisavam de um mentor. Na época, Steve estava desolado por não ter conseguido correr uma milha em menos de quatro minutos. Mas então via a animação das crianças que treinava quando corriam uma milha em menos de seis minutos, e não conseguia segurar o sorriso. Momentos como esse o fizeram lembrar da essência do esporte: competição justa e o simples ato de trabalhar com afinco para melhorar. Ao mudar seu foco de tentar ser o melhor corredor dos EUA para ajudar os outros, Steve recuperou lentamente seu amor pelo esporte.

> ## Práticas de Desempenho
>
> - Encontre oportunidades de devolver no contexto do seu trabalho; pode ser de forma intensiva, como treinar e ensinar, ou menos intensiva, como publicar conselhos sinceros em fóruns online.
> - O único critério é que sua "doação" tenha ligação próxima com seu trabalho e que você doe sem expectativa de receber algo em troca.
> - Embora "doar" seja especialmente poderoso para prevenir e reverter o burnout, você ainda deve procurar evitá-lo sustentando o estresse com descanso adequado.

## O PODER DO PROPÓSITO

Embora algumas pessoas possam ter um propósito autotranscendente, outros não têm. E a ideia de que é possível simplesmente conjurar um do nada parece piada, mas ele não surge do nada. Ele vem de dentro. Basta encontrá-lo. O professor Strecher, da Universidade de Michigan, criou uma ferramenta que ajuda as pessoas a criarem seus propósitos autotranscendentes com base em seus valores centrais. Usando seu passo a passo, elaboramos o seguinte propósito para escrever este livro:

> *Ajudar as pessoas a descobrirem como obter o máximo de si mesmas de forma saudável e sustentável, e a prevenir o próximo caso de burnout, insatisfação e infelicidade.*

Consultamos esse propósito durante o processo de escrita deste livro e refletimos sobre ele com regularidade, especialmente nos momentos em que ficamos desencorajados, assustados ou completamente cansados.

No próximo capítulo, ajudaremos você a passar pelo processo de desenvolver seu propósito autotranscendente (e a reafirmá-lo, se já tiver um), depois recomendaremos algumas das melhores formas de fazer uso dele. Mas primeiro, para reafirmar o poder do propósito, deixaremos você com as palavras do sobrevivente do Holocausto e psiquiatra Victor Frankl:

> *Ao declarar que o ser humano é uma criatura responsável e precisa realizar o sentido potencial de sua vida, quero salientar que o verdadeiro sentido da vida deve ser descoberto no mundo, e não dentro da pessoa humana ou de sua psique, como se fosse um sistema fechado. Chamei esta característica constitutiva de "a autotranscendência da existência humana". Ela denota o fato de que ser humano sempre aponta e se dirige para algo ou alguém diferente de si mesmo — seja um sentido a realizar ou outro ser humano a encontrar. Quanto mais a pessoa esquecer de si mesma — dedicando-se a servir uma causa ou a amar outra pessoa — mais humana será e mais se realizará. O que se chama de autorrealização não é de modo algum um objetivo atingível, pela simples razão de que quanto mais a pessoa se esforçar, tanto mais deixará de atingi-lo. Em outras palavras, autorrealização só é possível como um efeito colateral da autotranscendência.*

# 9
# DESENVOLVA SEU PROPÓSITO

Neste capítulo, você desenvolverá seu propósito.* Se já tiver um, considere isso como uma oportunidade de refiná-lo e reafirmá-lo. Após identificar seu propósito, você aprenderá formas simples de incluí-lo em seus dias, garantindo que viva de forma alinhada a ele e faça uso de seu poder de melhorar o desempenho. Mas antes de começarmos, é importante desfazer alguns equívocos comuns.

- Você não precisa ser religioso ou espiritual para ter um propósito.
- O propósito não é uma iniciativa mística. Como está prestes a descobrir, o processo de criar um propósito é baseado na reflexão racional.
- Tudo bem ter mais de um propósito. Por exemplo, no capítulo anterior compartilhamos o nosso de escrever este livro, mas também temos propósitos adicionais que se aplicam a outras áreas de nossas vidas.

---

* Este processo é inspirado no aplicativo móvel On Purpose original, desenvolvido pelo Dr. Victor Strecher. Agradecemos a Strecher não apenas por nos ajudar a encontrar nosso propósito, mas por nos dar permissão para usar o seu processo para ajudar você a encontrar o seu. Para saber mais sobre a abordagem de Strecher, visite www.JoolHealth.com [conteúdo em inglês].

- Também não há problema em ter só um propósito. Algumas pessoas têm uma motivação que se conecta a tudo que fazem. Por exemplo:
    - Servir e honrar meu deus, sendo a melhor pessoa que eu puder todos os dias.
    - Colocar energia positiva a tudo que eu faço e compartilhá-la com todos com quem interajo.
    - Parar e refletir como minhas ações (antes de agir) afetarão os outros.
- Nada impede que você tenha um propósito *autocentrado*. Mas, como vimos no capítulo anterior, os autotranscendentes não só melhoram o mundo, mas também melhoram o seu desempenho. Então, embora não seja uma exigência, encorajamos você a encontrar formas de aplicar seus pontos fortes a algo maior do que si mesmo.
- Seu propósito pode mudar com o tempo. Na verdade, deveria! Talvez a única constante na vida seja a mudança. Revisite este processo com a frequência que desejar.

Desenvolver um rascunho inicial do seu propósito deve levar de quinze a vinte minutos, e sugerimos que isso seja feito de uma só vez. Embora recomendemos que todos passem por este processo,* se você tiver certeza de que já refinou seu propósito, pode avançar até a página 189, onde discutimos como fazer uso de seu poder para melhorar o desempenho.

## ESCOLHA SEUS VALORES CENTRAIS

Os valores centrais são suas crenças fundamentais e princípios orientadores. São as coisas que mais importam para você e ajudam a determinar seu comportamento e ações. Escolha até cinco valores da lista a seguir. Essa

---

* Precisamos admitir que nós (Brad e Steve) não gostamos muito quando livros têm este tipo de atividades. Mas garantimos que esta vale a pena.

lista não é abrangente, então, se pensar em algo que não esteja aqui, vá em frente e use.

- Autocontrole
- Bondade
- Compromisso
- Comunidade
- Confiabilidade
- Conquista
- Consistência
- Coragem
- Criatividade
- Educação
- Eficiência
- Entusiasmo
- Espiritualidade
- Honestidade
- Independência
- Inspiração
- Lealdade
- Motivação
- Otimismo
- Perícia
- Positividade
- Pragmatismo
- Relacionamentos
- Reputação
- Responsabilidade
- Satisfação
- Segurança
- Tradição
- Vitalidade

Por exemplo, ao desenvolver nosso propósito para escrever este livro, escolhemos os seguintes valores centrais:

- Comunidade
- Criatividade
- Perícia
- Relacionamentos
- Satisfação

## PERSONALIZE SEUS VALORES CENTRAIS

Para cada valor central escolhido, escreva uma ou duas frases que o "personalize", tornando-o mais pessoal. Veja como personalizamos os valores centrais que sustentaram nossa decisão de escrever este livro:

- **Comunidade:** Ajudar os leitores a obter mais de si mesmos e desfrutar do processo de fazê-lo.

- **Criatividade:** Unificar ideias díspares de várias áreas de forma significativa e perceptiva.
- **Perícia:** Adquirir conhecimento em uma área que ambos temos interesse: saúde e desempenho humano. Aplicar o que aprendermos em nossas vidas e compartilhar o conhecimento com os leitores para que eles também possam fazer isso.
- **Relacionamentos:** Aproveitar esta oportunidade para desenvolver relacionamentos com pessoas interessantes com quem podemos continuar interagindo e aprendendo, mesmo muito depois do processo de escrita deste livro.
- **Satisfação:** Diversão! Adoramos aprender e adoramos o desafio da comunicação, então devemos ter isso em mente e aproveitar! Se nos divertirmos no processo de escrever, certamente faremos um trabalho melhor.

## CLASSIFIQUE SEUS VALORES CENTRAIS

Esta é a parte difícil. Agora que você personalizou seus valores centrais, classifique-os, com o valor mais essencial (isto é, o mais importante) em primeiro lugar. Por exemplo, nossa classificação foi:

1. Criatividade
2. Comunidade
3. Relacionamentos
4. Perícia
5. Satisfação

## ESCREVA A AFIRMAÇÃO DO SEU PROPÓSITO

Parabéns. Você escolheu e refletiu sobre seus valores centrais. Agora está preparado para escrever a afirmação do seu propósito. A afirmação do seu propósito deve refletir seus valores centrais personalizados e ter entre uma e três frases. Veja alguns exemplos:

- Ajudar as pessoas a descobrirem como obter o máximo de si mesmas de forma saudável e sustentável, e a prevenir o próximo caso de burnout, insatisfação e infelicidade.
- Estar pronto para alguém que precisar de mim — porque já recebi muita ajuda e amor de outras pessoas quando precisei delas!
- Oferecer um prédio limpo às crianças da minha escola.
- Estudar e entender a natureza e transmitir esse conhecimento aos outros.
- Ter mais envolvimento com meu parceiro.
- Ser o melhor atleta que eu puder para que os outros sejam inspirados a testar seus próprios limites.
- Criar arte e beleza para fazer as pessoas rirem, chorarem, se conectarem umas com as outras e com o planeta.

## FAZENDO USO DO PODER DO SEU PROPÓSITO

Esperamos que tenha considerado o processo de desenvolver um propósito tão valioso quanto nós. Tudo bem se não tiver certeza de ter criado o propósito perfeito. Na verdade, mesmo se achar que criou, encorajamos você a revisitar seu propósito (e o processo que o levou até ele) da próxima vez que pegar este livro. Refinamento sempre é encorajado, especialmente no início.

Porém, você logo se sentirá confortável com a precisão do seu propósito — ou seja, que ele reflete quem você é e no que acredita.

Agora é a hora de fazer uso do seu propósito. A seguir, você verá formas práticas de lembrar sistematicamente do seu propósito e fazer uso do seu poder. Como verá, nada que sugerimos é muito difícil, nem consome muito tempo. No total, essas dicas não devem consumir mais do que três minutos do seu dia. Mas essas maneiras simples de incorporar o propósito à sua vida trarão grandes dividendos. Elas foram elaboradas para transformá-lo em uma pessoa mais saudável, feliz e melhor. Apesar dessa última frase parecer ter sido tirada de um clássico da autoajuda, você logo verá que ela nasceu de dados científicos.

## Dicas Visuais

Escreva seu propósito e deixe-o em locais estratégicos, onde provavelmente precise de um reforço. Dessa maneira, quando a situação apertar, seu propósito estará ali para lembrá-lo *por que* está trabalhando tanto. Como discutimos no capítulo anterior, pesquisas mostram que refletir sobre seus valores centrais e seu propósito pode literalmente mudar seu cérebro de formas que ajudam a superar o medo e aumentar a motivação e a garra. Mesmo que só observe seu propósito por uma fração de segundo, talvez sem nem processá-lo, simplesmente tê-lo no seu campo visual pode ajudar. Estudos mostram que dicas visuais inconscientes (isto é, que não processamos completamente) podem alterar a percepção do esforço, fazendo com que algo objetivamente difícil pareça mais fácil. Como mencionamos no capítulo anterior, um envolvimento consciente com seu propósito, mesmo que por poucos segundos, pode ter efeitos profundos no seu cérebro e na motivação posterior.

*Escreva seu propósito e deixe-o em locais estratégicos, onde provavelmente precise de um reforço.*

Veja alguns exemplos de como pessoas de alto desempenho usam dicas visuais para se lembrarem de seus propósitos quando mais precisam dele:

- Um ciclista profissional coloca seu propósito no guidão da bicicleta. Sempre que o ritmo, e a dor associada, aumentam, sua inclinação natural é a de baixar a cabeça e olhar para baixo. Sempre que fizer isso, ele verá o seu propósito: *Inspirar os outros a saírem de suas zonas de conforto e viverem a vida plenamente.* Então, ele fará um pouco mais de esforço e suportará um pouco mais de sofrimento.

- Uma administradora em uma empresa de saúde costuma ficar frustrada quando a equipe de atendimento a chama com o que julga serem perguntas estúpidas sobre o relatório que seu departamento publica. Ela percebe que é grossa ao telefone e, às vezes, chega a ignorar as chamadas. Ela escreve seu propósito profissional — *fazer a diferença nas vidas de outros seres humanos* — em uma nota adesiva que gruda ao seu telefone. Dessa forma, sempre que o telefone tocar, ela associa as perguntas sobre o relatório, mesmo que sejam triviais, ao objetivo real do relatório: melhorar o atendimento aos pacientes. Agora, toda vez que o telefone tocar, lembrará que oferecer uma resposta ponderada e correta é uma forma de ajudar pessoas doentes e *fazer a diferença nas vidas de outras pessoas.*
- Uma artista criou uma versão em word-art de seu propósito e mandou ampliar. Mas não colocou em seu estúdio. Colocou em seu escritório. Como mencionamos antes, a parte mais difícil do trabalho para vários artistas é a parte não artística. Ver seu propósito no escritório a lembra do porquê atura todas essas coisas externas — *para criar artes belas que emocionem as pessoas.*
- Nós (Steve e Brad) colocamos nosso propósito em nossos computadores! Sempre que nos sentamos para escrever, relembrávamos por que estávamos trabalhando. Certamente você está lendo um livro melhor graças a isso. Na verdade, sem nosso propósito, nem temos certeza se teríamos escrito este livro, para início de conversa. Trabalhar meio período em nossos empregos tradicionais para escrever um livro foi assustador. Nossa situação anterior era muito mais segura financeiramente, mas não estávamos *ajudando as pessoas a descobrirem como obter o máximo de si mesmas de forma saudável e sustentável, e a prevenir o próximo caso de burnout, insatisfação e infelicidade.* Esse lembrete nos deu a coragem e a confiança para continuar escrevendo.

Esperamos que esses exemplos possam ajudá-lo a pensar nos locais perfeitos para deixar seu propósito: locais em que possa precisar de um pouco de coragem para superar o medo ou um reforço na motivação para persistir. O segredo é que ele esteja em locais que você olhará durante os desafios. Também recomendamos colocá-lo no espelho do banheiro. Isso serve como uma boa maneira de marcar o início do dia e o ajuda a aproveitá-lo ao máximo.

### Pensamento Motivacional

O dicionário define "mantra" de várias maneiras. A definição mais comum é "uma palavra ou frase que é repetida com frequência ou que expressa as crenças básicas de alguém". Outra definição é "uma fórmula mística de invocação". Enquanto isso, uma invocação é definida como "a ação de invocar algo ou alguém para ajudar; a conjuração do sobrenatural". Se juntarmos tudo isso, nossa definição de mantra se torna "repetir uma palavra ou frase importante e que tem poderes aparentemente místicos e sobrenaturais".

Parece que um propósito é o mantra perfeito. Ele não é apenas uma afirmação importante, é a que mais importa. E, como aprendemos no capítulo anterior, o propósito tem vários poderes que parecem místicos e sobrenaturais — de aumentar a coragem e superar o medo a oferecer resistência nas circunstâncias mais exigentes. Não deveria ser surpresa, então, que usar nosso propósito durante o "pensamento motivacional" (repetindo-o em nossas mentes) pode ter efeitos significativos para melhorar o desempenho.

Existem muitas evidências de que o pensamento motivacional melhora o desempenho. Particularmente, estudos mostram que ele aumenta a motivação e a disposição para suportar situações desconfortáveis. É mais eficaz quando o que dizemos a nós mesmos é curto, específico e, mais importante, consistente. Assim, se seu propósito for mais longo, ao usá-lo como estratégia de pensamento motivacional, resuma-o em poucas palavras que capturem sua essência. O pensamento motivacional é especialmente útil em situações nas quais nossos corpos e/ou mentes nos dizem para parar, mas queremos continuar. Ela nos ajuda a manter a calma e evitar o sequestro da amídala, a tomada emocional do cérebro que discutimos no Capítulo 4. E especialmente se seu conteúdo refletir um propósito autotranscendente, ele pode nos permitir fazer mais do que achávamos possível.

Como você pode imaginar, essa estratégia é bem comum no atletismo. Todo atleta com quem conversamos no processo de escrita deste livro nos disse que usa o pensamento motivacional. Durante os quilômetros finais de uma maratona, por exemplo, a maratonista olímpica Desiree Linden nos disse que o pensamento motivacional é tão importante quanto a hidratação, se não mais. Mas essa é uma estratégia que pode ser tirada do atletismo e colocada em prática em outras áreas. Não importa o que você faça — se usa o corpo, a mente ou a alma —, repetir um mantra baseado no propósito durante momentos de medo, dor ou apreensão pode render grandes benefícios. Isso nos estabiliza, atenua as emoções negativas e silencia nosso ego, que, como aprendemos no Capítulo 8, adora nos dizer para desistir.

Embora o dicionário possa definir as vantagens de um mantra como místicas, você já deve ter percebido que elas são bem científicas.

### Reflexão Noturna

Durante a discussão das dicas visuais, recomendamos que coloque seu propósito no espelho do banheiro para vê-lo todas as manhãs ao começar o dia. Para fechar o ciclo, também achamos uma boa ideia refletir sobre ele todas as noites. Particularmente, encorajamos você a se perguntar: em uma escala de um a dez (em que dez é "completamente" e um é "nem um pouco"), você viveu seu dia com propósito? Após fazer essa avaliação, passe um ou dois minutos refletindo sobre o que poderia ter feito de modo diferente para chegar mais perto do dez. Se tiver dado dez a si mesmo, reflita sobre o que fez para chegar lá. Esse ato rápido e simples é um grande passo para ajudá-lo a fazer as mudanças necessárias para viver de forma mais alinhada ao seu propósito, que você já sabe que melhora o desempenho em quase tudo. Embora seja suficiente fazer esse exercício de cabeça, pesquisas sugerem que escrever fisicamente essas reflexões melhora não apenas seu desempenho, mas também sua saúde.

A "escrita expressiva" — um tipo de diário que envolve a exploração de questões cruciais e fundamentais para nossas vidas — mostrou fortalecer as células de nossos sistemas imunológicos. Além disso, está associada a quedas na depressão e na ansiedade, redução na pressão sanguínea, menos visitas ao médico, melhoras na função pulmonar e renal e aumentos na positividade e conectividade social. Cientistas especulam que a escrita expressiva gera resultados tão profundos porque nos dá um local seguro para refletir sobre as questões mais importantes para nós. Muitos de nós inibem esses pensamentos e sentimentos, mantendo-os para nós mesmos. Mas como qualquer pessoa que guardou sentimentos sabe, isso pode causar muita tensão. Porém, compartilhá-los com os outros pode ser uma experiência pouco confortável. Ao deixar as palavras que refletem nossos valores e emoções mais profundos correrem pela página, liberamos a tensão e isso melhora nossa saúde. Nas palavras do Dr. James Pennebaker, professor da Universidade do Texas em Austin e pioneiro na pesquisa sobre escrita expressiva: "Afastar-se de vez em quando e avaliar sua posição na vida é muito importante." Se existe algo que comprova a definição de Pennebaker para a escrita expressiva, é quando refletimos sobre nosso propósito para determinar o quanto estamos vivendo de acordo com ele.

## UMA VIDA GUIADA PELO PROPÓSITO

Ao relembrar que o seu propósito gera grandes benefícios, o que realmente queremos é que você aja de acordo com ele. Não existe nada que melhore o desempenho, a vitalidade e a saúde como viver com propósito. Se você aprender apenas uma coisa com este livro, esperamos que seja isso.

Quando tiver desenvolvido um propósito, faça o que for possível para construir uma vida que lhe permita cumpri-lo. Quanto mais perto chegar de um dez — de uma vida completamente alinhada ao seu propósito —, melhor, mais feliz e mais saudável você será. Nas palavras de Ryan Hall, o maratonista norte-americano mais rápido da história, viver o seu propósito "é a melhor sensação do mundo".

# CONCLUSÃO

Não existe nada mais gratificante ou recompensador do que definir uma meta além dos limites do que julgamos ser possível e correr atrás dela de forma sistemática. Paradoxalmente, costumamos estar em nosso melhor quando mergulhamos totalmente no processo de melhorar. Todas as pessoas de alto desempenho que conhecemos neste livro compartilham da incapacidade de se contentar. Mesmo que estejam no topo de suas respectivas áreas, continuam fortemente inclinadas a melhorar. Esperamos que você se sinta inspirado a adotar um mindset semelhante em seus próprios interesses.

Ao longo deste livro, abordamos os princípios-chave que sustentam o auge do desempenho saudável e sustentável:

- Estresse + descanso = crescimento
- O poder de desenvolver rotinas ideais e projetar seu dia
- Propósito

Apesar de esperarmos que tenha gostado da leitura, a diversão começará mesmo quando você se afastar destas páginas e aplicar os princípios em sua própria vida.

Tome nota: nenhuma pessoa de alto desempenho que você conheceu neste livro seguiu uma receita exata. Elas pegaram os princípios do desempenho e as práticas relacionadas e adaptaram tudo isso para seu estilo único e para as demandas de suas atividades. Incentivamos você a fazer o mesmo.

Para ajudá-lo a começar, resumimos nas próximas páginas as principais práticas que se encaixam em cada princípio. Pense nisso como a base de uma receita que, com o tempo, será só sua. E quando fizer isso, adoraríamos ouvir sobre suas experiências. Envie suas histórias e aprendizados para info@peakperformance.email. Compartilharemos essas histórias, além das descobertas mais recentes da ciência do desempenho, em nossa newsletter, que você pode assinar visitando www.peakperformancebook.net [conteúdo em inglês]. Esperamos que este livro seja apenas o começo e que possamos criar uma comunidade de pessoas que partilham de um desejo comum de aprender e melhorar.

PARA NÓS, ESTE PROJETO de livro representou o auge do desempenho. Embora nem sempre tenha sido fácil, fizemos o melhor para praticar o que pregamos. Agora que você está de partida em sua própria jornada, gostaríamos de agradecer por ter nos acompanhado na nossa.

## CRESÇA SISTEMATICAMENTE ALTERNANDO ENTRE ESTRESSE E DESCANSO

### Estresse-se

*Busque "desafios quase impossíveis" em áreas da sua vida que deseja desenvolver*

- Desafios quase impossíveis são aqueles que ultrapassam pouco suas habilidades atuais.
- Se achar que está totalmente no controle, aumente um pouco a dificuldade do próximo desafio.
- Se sentir ansiedade ou empolgação a ponto de perder o foco, pegue um pouco mais leve.

*Cultive o foco profundo e a prática perfeita*

- Defina um propósito e objetivos concretos toda vez que iniciar um trabalho significativo.
- Concentre-se profundamente, mesmo que isso não seja sempre agradável.

- Remova as distrações, como smartphones. Lembre-se de que longe dos olhos é realmente longe do coração.
- Faça uma coisa de cada vez. Da próxima vez que quiser ser multitarefa, lembre-se de que as pesquisas mostram que isso não é eficaz.
- Lembre-se de que qualidade é melhor do que quantidade.

*Trabalhe em blocos definidos*

- Divida seu trabalho em blocos de cinquenta a noventa minutos (pode variar com as tarefas). Comece com blocos menores ainda se sentir dificuldade em manter a atenção.
- Se trabalhar em foco profundo for novidade para você, comece com blocos curtos, de dez a quinze minutos. Conforme cultivar a prática do foco profundo, aumente gradualmente a duração.
- Para quase todas as atividades, duas horas deve ser o limite máximo para os blocos de trabalho.

*Alimente um mindset de crescimento ou desafio*

- Tenha em mente que a forma como você encara algo afeta fundamentalmente como seu corpo responde a isso.
- Em situações em que você sente estresse, lembre-se de que é a maneira natural do seu corpo de se preparar para um desafio. Respire fundo e canalize a sensação acelerada e a percepção aumentada para a tarefa.
- Force-se a ver o estresse de forma produtiva e até a aceitá-lo. Além de melhorar seu desempenho, você também melhorará sua saúde.

## Tenha Coragem de Descansar

*Desenvolva seu músculo da atenção com meditação para conseguir escolher descansar com facilidade*

- Encontre um momento em que as distrações são minimizadas, como no começo da manhã, após escovar os dentes ou antes de deitar.
- Sente-se em uma posição confortável, de preferência em um local silencioso.
- Coloque um cronômetro para não se distrair com pensamentos sobre o tempo.
- Comece a respirar profundamente, inspirando e expirando pelo nariz.
- Concentre-se apenas na respiração. Quando pensamentos surgirem, note-os, mas deixe-os de lado. Redirecione seu foco para a sensação da respiração.
- Comece com apenas 1 minuto e aumente gradualmente a duração, adicionando 30 a 45 segundos a cada poucos dias.
- A frequência é melhor do que a duração. É melhor meditar diariamente, mesmo que isso signifique que as sessões serão curtas.

*Aplique seu músculo da atenção em desenvolvimento na vida cotidiana*

- Tenha "conversas calmas" durante períodos de estresse. Lembre-se de que você está separado das emoções e sensações que vivencia.
- Perceba quando quer "desligar" e *escolha* deixar o estresse de lado. Respirar profundamente ajuda porque ativa o córtex pré-frontal, o centro de comando e controle do cérebro.

*Faça intervalos inteligentes e deixe seu subconsciente trabalhar*

- Quando estiver trabalhando em uma tarefa desgastante e encontrar um impasse, tenha a coragem de se afastar.

- - Afaste-se do que estava fazendo por pelo menos cinco minutos.
  - Quanto mais estressante a tarefa, maior deve ser o intervalo.
  - Para tarefas realmente exaustivas, tente se afastar até a manhã seguinte.
- Durante os intervalos, realize atividades que exijam pouco ou nenhum foco.
  - Faça uma caminhada curta.
  - Sente-se ao ar livre.
  - Medite.
  - Recupere-se socialmente.
  - Ouça música.
  - Tome uma ducha.
  - Lave a louça.
- Você pode ter um momento "a-ha" de percepção durante o intervalo. Se tiver, ótimo. Mesmo se não tiver um momento "a-ha" durante o intervalo, seu subconsciente continuará trabalhando. Quando voltar ao que estava fazendo, é provável que consiga progredir.

*Priorize o sono*

- Passe a ver o sono como algo produtivo.
- Tente dormir pelo menos de sete a nove horas por noite. Para quem realiza atividade física intensa, dez horas *não* é demais.
- A melhor maneira de descobrir a quantidade certa de sono para você é passar de dez a quatorze dias dormindo quando estiver cansado e acordando sem um despertador. Faça a média de tempo dormido. É disso que você precisa.
- Para uma melhor noite de sono, siga estas dicas:

- Certifique-se de ficar exposto à luz natural (isto é, não elétrica) durante o dia. Isso o ajudará a manter um ritmo circadiano saudável.
- Faça exercícios. A atividade física rigorosa nos deixa cansados. Quando estamos cansados, dormimos. Mas não faça exercícios perto da hora de dormir.
- Limite o consumo de cafeína e elimine-o totalmente entre cinco e seis horas antes de dormir.
- Use a cama apenas para dormir e para fazer sexo. Não para comer, assistir à TV, trabalhar no notebook ou qualquer outra atividade. A única exceção é ler um livro físico antes de dormir.
- Não beba álcool perto da hora de dormir. Embora possa acelerar o início do sono, ele costuma prejudicar os períodos posteriores e mais importantes.
- Limite a exposição à luz azul à noite.
- Não comece a trabalhar em atividades pesadas e estressantes — mentais ou físicas — após o jantar.
- Se estiver com a mente inquieta, tente incluir uma sessão rápida de meditação mindfulness antes de dormir.
- Quando sentir que está ficando sonolento, não lute contra isso. O que você está fazendo pode esperar até a manhã seguinte.
- Mantenha o quarto o mais escuro que puder. Se possível, considere cortinas com blecaute.
- Mantenha o smartphone FORA do quarto. Não no silencioso. Fora.

• Tente tirar uma soneca de dez a trinta minutos para ajudar a recuperar a energia e o foco se tiver um momento de calma à tarde.

### Tire folgas prolongadas

• Não importa o seu trabalho, tire pelo menos um dia de folga por semana.

- Até onde for possível, programe suas folgas e férias estrategicamente após períodos de estresse acumulado.
- Quanto maior o estresse, mais você deve descansar.
- Tanto nas folgas quanto nas férias prolongadas, realmente se desconecte do trabalho. Desligue-se física e mentalmente e envolva-se em atividades que considere relaxantes e restauradoras.

## PREPARE-SE PARA O DESEMPENHO

### Otimize Sua Rotina

*Desenvolva regimes de aquecimento para atividades/performances importantes*

- Determine qual estado mental e corporal seu desempenho exige.
- Desenvolva uma sequência de atividades que coloque sua mente e corpo nesse estado.
- Seja consistente: use a mesma rotina toda vez que se envolver na atividade relacionada a ela.
- Lembre-se do impacto do humor no desempenho; a positividade faz bastante diferença.

*Crie "um local só seu"*

- Encontre espaços físicos para dedicar a atividades únicas.
- Coloque ao seu redor objetos que encorajem os comportamentos desejados.
- Trabalhe de forma consistente no mesmo local, usando os mesmos materiais.
- Com o tempo, seu ambiente melhorará sua produtividade em um nível neurológico profundo.

*Condicione-se para o desempenho*

- Conecte comportamentos-chave a gatilhos e/ou rotinas específicas.
- Seja consistente e frequente; execute o mesmo gatilho/rotina toda vez antes do comportamento ao qual estão relacionados.
- Se possível, ligue atividades-chave ao mesmo contexto (por exemplo, hora do dia, ambiente físico etc.).
- Se seu trabalho exigir ambientes variados, desenvolva gatilhos/rotinas portáteis que possam ser executados em qualquer lugar (por exemplo, rotina de respirações, pensamento motivacional etc.).
- A consistência é tudo. A melhor rotina não importa se não praticá-la regularmente.

## Projete Seu Dia

*Seja minimalista para ser maximalista*

- Reflita sobre todas as decisões que toma durante o dia.
- Identifique as insignificantes, que "na verdade não importam" para você.
- Até onde for possível, automatize essas decisões que não importam. Exemplos comuns incluem decisões sobre:
  - Roupas
  - O que comer nas refeições
  - Quando realizar atividades diárias (por exemplo, sempre se exercitar na mesma hora, para literalmente não precisar pensar nisso)
  - Comparecer ou não a eventos sociais (nem *sempre* é uma boa ideia, mas, durante períodos importantes de trabalho, muitas pessoas de alto desempenho adotam uma política rigorosa de dizer não a eventos sociais)
- Não dedique força mental a fofocas, política ou imaginando o que os outros pensam de você.

- Pense nos efeitos de segunda e terceira ordem (por exemplo, deslocamento, pressões financeiras etc.) das decisões maiores, como onde morar.

*Combine as atividades com os níveis de energia*

- Determine seu cronótipo (se você é uma cotovia matinal ou uma coruja noturna).
- Programe seu dia de acordo — seja intencional sobre quando agendar certas atividades, combinando as exigências da atividade com seu nível de energia.
- Reserve o tempo em que está mais alerta para "o trabalho mais importante".
- Programe tarefas menos exigentes durante os períodos em que está menos alerta.
- Não combata a fadiga! Use esse tempo para se recuperar e gerar ideias criativas que pode colocar em prática no próximo ciclo de energia e foco elevados.
- Lembre-se de que trabalhar alinhado a seu cronótipo não só maximiza o desempenho, mas também garante um equilíbrio adequado entre estresse e descanso.

*Rodeie-se com sabedoria*

- Reconheça o enorme poder das pessoas que estão ao seu redor.
- Faça o possível para cultivar sua própria rede de apoio, cercando-se com uma cultura de desempenho. Energia positiva, motivação e determinação são contagiosas.
- Lembre-se de que ser positivo e demonstrar motivação não ajuda apenas a si mesmo, mas também todas as pessoas na sua vida.
- Não tolere muita negatividade ou pessimismo. Uma corrente é tão forte quanto seu elo mais fraco.

*Compareça*

- Não existe substituto para comparecer todos os dias e refinar sua arte.
- Lembre-se de que as atitudes seguem os comportamentos. Às vezes, o melhor que você pode fazer é simplesmente começar.

## FAÇA USO DO PODER DO PROPÓSITO

### Transcenda o Seu "Eu"

*Supere seu ego*

- Lembre-se de que seu "ego", "eu" ou "governante central" serve como mecanismo de proteção e o afasta de chegar a seus limites reais. Quando enfrenta grandes desafios, seu ego é programado biologicamente para desligá-lo e colocá-lo no caminho oposto.
- Mantendo o foco em um propósito autotranscendente, em um motivo para fazer algo além do seu "eu", você pode ignorar seu ego e ultrapassar os limites que impõe a si mesmo.
- Até onde conseguir, ligue suas atividades a um propósito maior. Dessa forma, quando tiver que encarar desafios formidáveis e sua mente lhe disser para desistir, você pode perguntar a si mesmo por que está fazendo aquilo. Se a resposta for "por alguém ou algo maior do que eu", será mais provável que você persista.
- Pensar menos no seu eu é uma das melhores formas de melhorar a si mesmo.

*Melhore sua motivação*

- Lembre-se de que você equilibra constantemente a percepção do esforço, a sensação de dificuldade de algo, com a motivação. Assim, se quiser resistir a mais esforço, pode ser preciso aumentar sua motivação.
- Para aumentar a motivação, ligue seu trabalho a um propósito ou causa maior.
- Concentrar-se em atividades que ajudam os outros não só torna o mundo um lugar melhor, mas também ajuda a melhorar o seu desempenho.
- Pense no *porquê* de estar fazendo o que faz, especialmente quando sentir fadiga.

*Devolva para evitar o burnout*

- Encontre oportunidades de devolver no contexto do seu trabalho. Pode ser algo intensivo, como treinar e ensinar, ou menos intensivo, como publicar conselhos sinceros em fóruns online.
- O único critério é que sua doação tenha ligação próxima com seu trabalho e que você doe sem expectativa de receber algo em troca.
- Embora doar seja especialmente poderoso para prevenir e reverter o burnout, você ainda deve procurar evitá-lo, sustentando o estresse com descanso adequado.

## Desenvolva e Faça Uso do Seu Propósito

*Desenvolva seu propósito usando os exercícios nas páginas 186 a 189*

- Escolha seus valores centrais.
- Personalize seus valores centrais.
- Classifique seus valores centrais.
- Escreva a afirmação do seu propósito.

*Relembre seu propósito estrategicamente*

- Use dicas visuais para lembrar do seu propósito quando estiver precisando de reforço.
- Desenvolva um mantra com base no seu propósito e use-o em pensamentos motivacionais quando a situação apertar.
- Reflita sobre seu propósito toda noite (tente usar a escrita expressiva). Pense no quanto você viveu de forma alinhada ao seu propósito, tentando ser mais consistente com o tempo.

# BIBLIOGRAFIA E FONTES

## INTRODUÇÃO

Jim Clifton, *The Coming Jobs War* (Nova York: Gallup Press, 2011), 1–2.

Laura A. Pratt, PhD; Debra J. Brody, MPH; e Qiuping gu, MD, PhD, "Antidepressant Use in Persons Aged 12 and Over: United States, 2005–2008", *NCHS Data Brief*, n° 7 (outubro de 2011).

Matt Saccaro, "'I Think America is Out of Hand': The shocking numbers that reveal just how burnt out American workers are", *Salon*, 29 de junho de 2015, http://www.salon.com/2015/06/29/i_think_america_is_out_of_hand_the_shocking_numbers_that_reveal_just_how_burnt_out_american_workers_are/.

Julie Bosman e Michael J. De La Merced, "Borders Files for Bankruptcy", *New York Times Dealbook*, 16 de fevereiro de 2011, http://dealbook.nytimes.com/2011/02/16/borders-files-for-bankruptcy/?_r=0.

Zeynep Tufekci, "The Machines Are Coming", *New York Times*, 18 de abril de 2015, http://www.nytimes.com/2015/04/19/opinion/sunday/the-machines-are-coming.html?_r=0.

"An Open Letter: Research priorities for robust and beneficial artificial intelligence", FutureOfLife.org, acessado em 11 de novembro de 2015, http://futureof life.org/ai-open-letter/.

Rory Cellan-Jones, "Stephen Hawking Warns Artificial Intelligence Could End Mankind", *BBC*, 2 de dezembro de 2014, http://www.bbc.com/news/technology-30290540.

Kevin Lynch "Introduction: 60 at 60", acessado em 20 de novembro de 2015, http://www.guinnessworldrecords.com/news/60at60/2015/8/introduction-393032.

"Chronological Listing of U.S. Milers Who Have Broken 4:00 in the Mile", *Track & Field News*, atualizado pela última vez em 8 de outubro de 2016, http://www.trackandfieldnews.com/index.php/archivemenu/13-lists/1476-tafn-us-sub-400-milers.

Andrew Powell-Morse, "The Historical Profile of the NBA Player: 1947–2015", *SeatSmart*, 4 de março de 2015, http://seatsmart.com/blog/history-of-the-nba-player/.

Addie Thomas, "Global Nutrition Supplements Market: History, industry growth, and future trends by PMR", *Nasdaq Globe Newswire*, 27 de janeiro de 2015, http://globenewswire.com/news-release/2015/01/27/700276/10117198/en/global-nutrition-and-supplements-Market-history-industry-growth-and-Future-trends-by-pMr.html.

Marika Beale et al., "Examining the Enhancement Drink NeuroBliss®: Lack of effect on mood and memory in late adolescents", *Impulse: The Premier Undergraduate Neuroscience Journal* (2014): 1–8, http://impulse.appstate.edu/sites/impulse.appstate.edu/files/Beale%20et%20al%20%282%29.pdf.

Stephen V Faraone et al., "The Worldwide Prevalence of ADHD: Is it an American condition?", *World Psychiatry* 2, n° 2 (junho de 2003): 104–113.

"Attention-Deficit/Hyperactivity Disorder (ADHD)", Centers for Disease Control and Prevention, atualizado pela última vez em 5 de outubro de 2016, http://www.cdc.gov/ncbddd/adhd/data.html.

A.D. Desantis, E.M. Webb e S.M. Noar, "Illicit Use of Prescription ADHD Medications on a College Campus: A multimethodological approach", *Journal of American College Health* 57, n° 3 (novembro–dezembro de 2008): 315–324.

Arianna Yanes, "Just Say Yes? The Rise of 'Study Drugs' in College", *CNN*, 18 de abril de 2014, http://www.cnn.com/2014/04/17/health/adderall-college-students/.

Alan Schwarz, "Workers Seeking Productivity in a Pill are Abusing A.D.H.D. Drugs", *New York Times*, 18 de abril de 2015, http://www.nytimes.com/2015/04/19/us/workers-seeking-productivity-in-a-pill-are-abusing-adhd-drugs.html?_r=0.

Erik Parens, "A Symptom of Modern Life", Room for Debate, *New York Times*, 21 de abril de 2015, http://www.nytimes.com/roomfordebate/2015/04/21/using-adderall-to-get-ahead-not-to-fight-adhd/a-symptom-of-modern-life.

Olivier de Hon, Harm Kuipers e Maarten van Bottenburg, "Prevalence of Doping Use in Elite Sports: A review of numbers and methods", *Sports Medicine* 45, n° 1 (janeiro de 2015): 57–69.

Josie Feliz, "National Study: Teens report higher use of performance enhancing substances", *Partnership for Drug-Free Kids*, 22 de julho de 2014, http://www.drugfree.org/newsroom/pats-2013-teens-report-higher-use-of-performance-enhancing-substances.

"Anti-doping", USA Triathlon, acessado em 20 de novembro de 2015, http://www.usatriathlon.org/audience/athlete-resources/anti-doping.aspx.

David Epstein, "Everyone's Juicing", *ProPublica*, 17 de setembro de 2015, http://www.propublica.org/article/raids-steroid-labs-suggest-market-for-steroids-beyond-elite-athletes.

Deloitte University Press, *Global Human Capital Trends 2014*, acessado em 16 de novembro de 2015, https://dupress.deloitte.com/dup-us-en/focus/human-capital-trends/2014.html?icid=hp:ft:01.

LexisNexis, *The 2010 International Workplace Productivity Survey*, acessado em 16 de novembro de 2015, http://www.multivu.com/players/english/46619-lexisnexis-international-Workplace-productivity-survey/.

Jada A. Graves e Katy Marquardt, "The Vanishing Lunch Break", *U.S. News & World Report*, 9 de outubro de 2013, http://money.usnews.com/money/careers/articles/2013/10/09/the-vanishing-lunch-break-2.

Daniel Hamermesh e Elena Stancanelli, "Americans Work Too Long (and Too Often at Strange Times)", *Vox*, 29 de setembro de 2014, http://www.voxeu.org/article/americans-work-long-and-strange-times.

Project: Time Off, *The Hidden Costs of Unused Leave*, acessado em 17 de novembro de 2015, http://www.projecttimeoff.com/sites/default/files/pto_hiddenCosts_report.pdf.

Lydia Saad, "The '40-hour' Workweek is Actually Longer — by Seven Hours",

*Gallup*, 29 de agosto de 2014, http://www.gallup.com/poll/175286/hour-workweek-actually-longer-seven-hours.aspx.

Staples Business Advantage, *2015 Workplace Index*, acessado em 17 de novembro de 2015, https://go.staplesadvantage.com/workplaceindex.

Ben Moshinsky, "Bank of America Intern's 5 a.m. E-Mail Before Death Worried Mom", *Bloomberg*, 22 de novembro de 2013, http://www.bloomberg.com/news/articles/2013-11-22/bank-of-america-staff-quizzed-as-coroner-probes-intern-s-death.

Jackie Wattles, "Goldman Sachs Bans Interns from Staying Overnight at the Office", *CNN Money*, 17 de junho de 2015, http://money.cnn.com/2015/06/17/news/companies/goldman-limit-intern-hours/.

D. Dmith Bailey, "Burnout Harms Workers' Physical Health Through Many Pathways", *Monitor on Psychology* 37, nº 6 (junho de 2006): 11.

Shahm Martini et al., "Burnout Comparison Among Residents in Different Medical Specialties", *Academic Psychiatry* 28, nº 3 (setembro de 2004): 240–242.

Carol Peckham, "Physician Burnout: It just keeps getting worse", *Medscape*, 26 de janeiro de 2015, http://www.medscape.com/viewarticle/838437.

Joachim Bauer et al., "Correlation Between Burnout Syndrome and Psychological and Psychosomatic Symptoms Among Teachers", *International Archives of Occupational and Environmental Health* 79, nº 3 (março de 2006): 199–204.

Ji Hye Yu, Su Jin Chae e Ki Hong Chang, "The Relationship Among Self-efficacy, Perfectionism, and Academic Burnous in Medical School Students", *Korean Journal of Medical Education* 28, nº 1 (março de 2016): 49–55.

Mark Mcguinness, "The Dark Side of Creativity: Burnout", *Lateral Action*, acessado em 17 de novembro de 2015, http://lateralaction.com/articles/the-dark-side-of-creativity-burnout/.

Simon Kyaga, *Creativity and Psychopathology* (Estocolmo: Karolinska Institutet, 2014).

Eystein Enoksen, "Drop-out Rate and Drop-out Reasons Among Promising Norwegian Track and Field Athletes: A 25 year study", *Scandinavian Sports Studies Forum*, nº 2 (2011): 19–43.

Jeffrey B. Kreher, MD, e Jennifer B. Schwartz, MD, "Overtraining Syndrome", *Sports Health* 4, nº 2 (2012): 128–138.

W.P. Morgan et al., "Psychological Characterization of the Elite Female Distance Runner", *International Journal of Sports Medicine* 8, n° S2 (1987): 124–131.

John Raglin et al., "Training Practices and Staleness in 13–18-year-old Swimmers: A cross-cultural study", *Pediatric Exercise Science*, n° 12 (2000): 61–70.

# CAPÍTULO 1

Matt Fitzgerald, "Deena Kastor's Comfort Zone", competitor.com, 2 de novembro de 2009, http://running.competitor.com/2009/11/training/deena-kastors-comfort-zone_6616.

Stephen Seiler, "What is Best Practice for Training Intensity and Duration Distribution in Endurance Athletes?", *International Journal of Sports Physiology and Performance*, n° 5 (2010): 276–291.

Mihaly Csikszentmihalyi, *Creativity: The psychology of discovery and invention* (Nova York: HarperCollins Publishers, 1996): 21–127.

Roy F. Baumeister et al., "Ego Depletion: Is the active self a limited resource?", *Journal of Personality and Social Psychology* 74, n° 5 (1998): 1252–1265.

Mark Muraven, et al., "Self-Control as Limited Resource: Regulatory depletion problems", *Journal of Personality and Social Psychology* 74, n° 3: 774–789.

Dylan D. Wagner et al., "Self-Regulatory Depletion Enhances Neural Responses to Rewards and Impairs Top-Down Control", *Psychological Science* 24, n° 11 (novembro de 2013): 2262–2271.

Malte Friese et al., "Suppressing Emotions Impairs Subsequent Stroop Performance and Reduces Prefrontal Brain Activation", *PLoS ONE* 8, n° 4 (abril de 2013): e60385.

Michael Inzlicht e Jennifer N. Gutsell, "Running On Empty: Neural signals for self-control failure", *Psychological Science* 18, n° 11 (2007): 933–937.

Kelly Mcgonigal, PhD, *The Willpower Instinct: How self-control works, why it matters, and what you can do to get more of it* (Nova York: Avery, 2012), 55–81. Publicado no Brasil com o título *Os Desafios à Força de Vontade: Como o autocontrole funciona, por que ele é importante e como aumentar o seu*.

Josh Waitzkin, *The Art of Learning: An inner journey to optimal performance* (Nova York: Free Press, 2007), 181–182.

# CAPÍTULO 2

David G. Myers, *Psychology*, 6ª ed. (Michigan: Worth Publishers, 2001), 604. Publicado no Brasil com o título *Psicologia*.

Manu Kapur, "Productive Failure in Learning the Concept of Variance", *Instructional Science* 40, n° 4 (julho de 2012): 651–672.

Kurt Vanlehn et al., "Why Do Only Some Events Cause Learning During Human Tutoring?", *Cognition and Instruction* 21, n° 3 (2003): 209–249.

Daniel Kahneman, *Thinking, Fast and Slow* (Nova York: Farrar, Straus and Giroux, 2011), 3–31. Publicado no Brasil com o título *Rápido e Devagar*.

Ian A. McKenzie et al., "Motor Skill Learning Requires Active Central Myelination", *Science* 346, n° 6207 (17 de outubro de 2014): 318–322.

# CAPÍTULO 3

Frederick Reif e Sue Allen, "Cognition for Interpreting Scientific Concepts: A study of acceleration", *Cognition and Instruction* 9, n° 1 (1992): 1–44.

K. Anders Ericsson, "Deliberate Practice and the Acquisition and Maintenance of Expert Performance Medicine and Related Domains", *Academic Medicine* 79, n° S10 (outubro de 2004): S70–81.

Robyn M. Dawes, *House of Cards: Psychology and psychotherapy built on myth* (Nova York: Free Press, 1994), 55–56.

Richard Gawel, "The Use of Language by Trained and Untrained Experienced Wine Tasters", *Journal of Sensory Studies* 12, n° 4 (dezembro de 1997): 267–284; D. Valentin et al., "What's in a Wine Name? When and Why Do Wine Experts Perform Better than Novices?" *Abstracts of the Psychonomic Society* 5 (2000): 36.

K. Anders Ericsson, Ralf Th. Krampe e Clemens Tesch-Romer, "The Role of Deliberate Practice in the Acquisition of Expert Performance", *Psychological Review* 100, n° 3 (1993): 363–406.

K. Anders Ericsson, "The Influence of Experience and Deliberate Practice on the Development of Superior Expert Performance", em *The Cambridge Handbook of Expertise and Expert Performance*, ed. K. Anders Ericsson et al. (Nova York: Cambridge University Press, 2006), 685–706.

K. Anders Ericsson, "The Acquisition of Expert Performance: An introduction to some of the issues", em *The Road to Excellence: The acquisition of expert performance in the arts and sciences, sports, and games*, ed. K. Anders Ericsson (Mahwah, NJ: Lawrence Erlbaum Associates, Inc., Publishers, 1996), 1–50; K. Anders Ericsson e A.C. Lehmann, "Expert and Exceptional Performance: Evidence of maximal adaption to task constraints", *Annual Review of Psychology* 47 (1996): 273–305.

Christina Grape et al., "Does Singing Promote Well-Being? An Empirical Study of Professional and Amateur Singers During a Singing Lesson", *Integrative Physiological & Behavioral Science* 38, n° 1 (janeiro de 2002): 65–74.

## BIBLIOGRAFIA E FONTES

J.M. Watson e D.L. Strayer, "Supertaskers: Profiles in extraordinary multitasking ability", *Psychonomic Bulletin & Review* 17, n° 4 (agosto de 2010): 479–485.

Gisela Telis, "Multitasking Splits the Brain", *Science*, 15 de abril de 2010, http://www.sciencemag.org/news/2010/04/multitasking-splits-brain.

Joshua S. Rubinstein, David E. Meyer e Jeffrey E. Evans, "Executive Control of Cognitive Processes in Task Switching", *Journal of Experimental Psychology: Human Perception and Performance* 27, n° 4 (2001): 763–797.

"Injury Prevention & Control: Motor Vehicle Safety", Centers for Disease Control and Prevention, atualizado pela última vez em 7 de março de 2016, http://www.cdc.gov/motor vehiclesafety/distracted_driving/.

Patrick Anselme e Mike J.F. Robinson, "What Motivates Gambling Behavior? Insight Into Dopamine's Role", *Frontiers in Behavioral Neuroscience* 7 (2013): 182.

Michelle Drouin, Daren H. Kaiser e Daniel A. Miller, "Phantom Vibrations Among Undergraduates: Prevalence and associated psychological characteristics", *Computers in Human Behavior* 28, n° 4 (julho de 2012): 1490–1496.

Justin Worland, "How Your Cell Phone Distracts You Even When You're Not Using It", *Time*, 4 de dezembro de 2014, http://time.com/3616383/cell-phone-distraction/.

Walter Mischel, *The Marshmallow Test: Mastering self-control* (Nova York: Little, Brown and Company, 2014): 233–273. Publicado no Brasil com o título *O Teste do Marshmallow*.

K. Anders Ericsson, "The Path to Expert Golf Performance: Insights from the masters on how to improve performance by deliberate practice", em *Optimising Performance in Golf*, ed. Patrick R. Thomas (Brisbane, Austrália: Australian Academic Press, 2001), 1–57; K. Anders Ericsson, "Development of Elite Performance and Deliberate Practice: An update from the perspective of the expert performance approach", em *Expert Performance in Sports: Advances in Research on Sport Expertise*, ed. Janet L. Starkes e K. Anders Ericsson (Champaign, Il: Human Kinetics, 2003), 49–81.

Julia Gifford, "The Secret of the 10% Most Productive People? Breaking!", *DeskTime*, 20 de agosto de 2014, http://blog.desktime.com/2014/08/20/the-secret-of-the-10-most-productive-people-breaking/.

Awwad J. Dababneh, Naomi Swanson e Richard L. Shell, "Impact of Added Rest Breaks on the Productivity and Well Being of Workers", *Ergonomics* 44, n° 2 (2001): 164–174.

P.S. Tiwari e L.P. Gite, "Evaluation of Work-Rest Schedules During Operation of a Rotary Power Tiller", *International Journal of Industrial Ergonomics* 36, n° 3 (março de 2006): 203–210.

Wolfram Boucsein e Michael Thum, "Design of Work/Rest Schedules for Computer Work Based on Psychophysiological Recovery Measures", *International Journal of Industrial Ergonomics* 20, n° 1 (julho de 1997): 51–57.

Traci L. Galinsky et al., "A Field Study of Supplementary Rest Breaks for Data-Entry Operators", *Ergonomics* 43, n° 5 (2000): 622-638.

A.J. Crum et al., "Mind Over Milkshakes: Mindsets, not just nutrients, determine ghrelin response", *Health Psychology* 30, n° 4 (julho de 2011): 424-429.

Lisa S. Blackwell, Kali H. Trzesniewski e Carol Sorich Dweck, "Implicit Theories of Intelligence Predict Achievement Across an Adolescent Transition: A longitudinal study and an intervention", *Child Development* 78, n° 1 (janeiro/fevereiro de 2007): 246-263.

Abiola Keller et al., "Does the Perception that Stress Affects Health Matter? The Association with Health and Mortality", *Healthy Psychology* 31, n° 5 (setembro de 2012): 677-684.

Lee J Moore, et al., "The Effect of Challenge and Threat States on Performance: An examination of potential mechanisms", *Psychophysiology* 49, n° 10 (outubro de 2012): 1417-1425.

Alia K. Crum, Peter Salovey e Shawn Achor, "Rethinking Stress: The role of mindsets in determining the stress response", *Journal of Personality and Social Psychology* 104, n° 4 (abril de 2013): 716-733.

Graham Jones, Sheldon Hanton e Austin Swain, "Intensity and Interpretation of Anxiety Symptoms in Elite and Non-Elite Sports Performers", *Personality and Individual Differences* 17, n° 5 (novembro de 1994): 657-663.

Brad Stulberg, "Should I Give Whitewater Kayaking a Try?", *Outside*, 9 de novembro de 2015, https://www.outsideonline.com/2034356/should-i-give-whitewater-kayaking-try.

# CAPÍTULO 4

Sara W. lazar et al., "Meditation Experience is Associated With Increased Cortical Thickness", *Neuroreport* 16, n° 17 (28 de novembro de 2005): 1893-1897.

Amy F. T. Arnsten, "Stress Signalling Pathways that Impair Prefrontal Cortex Structure and Function", *Nature Reviews Neuroscience* 10, n° 6 (junho de 2009): 410-422.

Antoine Lutz et al., "Altered Anterior Insula Activation During Anticipation and Experience of Painful Stimuli in Expert Meditators", *NeuroImage* 64 (1° de janeiro de 2013): 538-546.

Stephen Seiler, Olav Haugen e Erin Kuffel, "Autonomic Recovery After Exercise in Trained Athletes: Intensity and duration effects", *Medicine & Science in Sports & Exercise* 39, n° 8 (agosto de 2007): 1366-1373.

M. Tudor, L. Tudor e K. I. Tudor, "Hans Berger (1873-1941) — The History of Electroencephalography", *Acta Medica Croatica* 59, n° 4 (2005): 307-313.

Susan Whitfield-Gabrieli e Judith M. Ford, "Default Mode Network Activity and Connectivity in Psychopathology", *Annual Review of Clinical Psychology* 8 (abril de 2012): 49–76.

Marcus E. Raichle et al., "A Default Mode of Brain Function", *Proceeding of the National Academy of Sciences of the United States of America* 98, n° 2 (16 de janeiro de 2001): 676–682.

Mason Currey, *Daily Rituals: How artists work* (Nova York: Knopf, 2013), 120–121. Publicado no Brasil com o título *Os Segredos dos Grandes Artistas*.

Frank Stewart, *A Natural History of Nature Writing* (Island Press, 1994), 4.

Jonathan Smallwood e Jonathan W. Schooler, "The Science of Mind Wandering: Empirically navigating the stream of consciousness", *Annual Review of Psychology* 66 (janeiro de 2015): 487–518.

Simone M. Ritter e Ap Dijksterhuis, "Creativity — The Unconscious Foundations of the Incubation Period", *Frontiers in Human Neuroscience* 8 (2014): 215.

Shantanu P. Jadhav et al., "Awake Hippocampal Sharp-Wave Ripples Support Spatial Memory", *Science* 336, n° 6087 (15 de junho de 2012): 1454–1458.

# CAPÍTULO 5

Steven Pressfield, *The War of Art: Winning the inner creative battle* (Nova York: Rugged Land, LLC, 2002), 125.

Marily Oppezzo e Daniel L. Schwartz, "Give Your Ideas Some Legs: The positive effect of walking on creative thinking", *Journal of Experimental Psychology: Learning, Memory, and Cognition* 40, n° 4 (2014): 1142–1152.

Patti Neighmond, "Walking 2 Minutes an Hour Boosts Health, But It's No Panacea", *NPR*, 1° de maio de 2015, http://www.npr.org/sections/health-shots/2015/05/01/403523463/two-minutes-of-walking-an-hour-boosts-health-but-its-no-panacea; Srinivasan Beddhu et al., "Light-Intensity Physical Activities and Mortality in the United States General Population and CKD Subpopulation", *Clinical Journal of the American Society of Nephrology* 10 (julho de 2015): 1–9.

Marc G. Berman, John Jonides e Stephen Kaplan, "The Cognitive Benefits of Interacting with Nature", *Psychological Science* 19, n° 12 (2008): 1207–1212.

J. E. Stellar, "Positive Affect and Markers of Inflammation: Discrete positive emotions predict lower levels of inflammatory cytokines", *Emotion* 15, n° 2 (abril de 2015): 129–133.

Lorenzo S. Colzato et al., "Prior Meditation Practice Modulates Performance and Strategy Use in Convergent- and Divergent-Thinking Problems", *Mindfulness* (2014): 1–7.

C. J. Cook e B. T. Crewther, "The Social Environment During a Post-Match Video Presentation Affects the Hormonal Responses and Playing Performance in Professional Male Athletes", *Physiology & Behavior* 130 (10 de maio de 2014): 170–175.

Brad Stulberg, "Use Uour Mind to Restore Your Body After a Run", *Runner's World,* 28 de junho de 2016, http://www.runnersworld.com/recovery/use-your-mind-to-restore-your-body-after-a-run.

Jeffrey M. Jones, "In U.S., 40% Get Less than Recommended Amount of Sleep", *Gallup,* 19 de dezembro de 2013, http://www.gallup.com/poll/166553/less-recommended-amount-sleep.aspx.

Maria Konnikova, "Why Can't We Fall Asleep?", *The New Yorker,* 7 de julho de 2015, http://www.newyorker.com/science/maria-konnikova/why-cant-we-fall-asleep.

Anne-Marie Chang et al., "Evening Use of Light-Emitting Ereaders Negatively Affects Sleep, Circadian Timing, and Next-Morning Alertness", *Proceeding of the National Academy of Sciences of the United States of America* 112, n° 4 (27 de janeiro de 2015): 1232–1237.

Maria Konnikova, "The Work We do While We Sleep", *The New Yorker,* 8 de julho de 2015, http://www.newyorker.com/science/maria-konnikova/why-we-sleep.

Erin J. Wamsley, PhD, e Robert Stickgold, PhD, "Memory, Sleep and Dreaming: Experiencing consolidation", *Sleep Medicine Clinics* 6, n° 1 (março de 2011): 97–108.

S. Groch et al., "The Role of REM Sleep in the Processing of Emotional Memories: Evidence from behavior and event-related potentials", *Neurobiology of Learning and Memory* 99 (janeiro de 2013): 1–9.

Matthew P. Walker e Els van der Helm, "Overnight Therapy? The Role of Sleep in Emotional Brain Processing", *Psychological Bulletin* 135, n° 5 (setembro de 2009): 731–748.

June J. Pilcher et al., "Interactions Between Sleep Habits and Self-Control", *Frontiers in Human Neuroscience* (11 de maio de 2015).

Gary Wittert, "The Relationship Between Sleep Disorders and Testosterone in Men", *Asian Journal of Andrology* 16, n° 2 (março–abril de 2014): 262–265.

P. T. Res, "Protein Ingestion Before Sleep Improves Postexercise Overnight Recovery", *Medicine & Science in Sports & Exercise* 44, n° 8 (agosto de 2012): 1560–1569.

Cheri D. Mah et al., "The Effects of Sleep Extension on the Athletic Performance of Collegiate Basketball Players", *Sleep* 34, n° 7 (1° de julho de 2011): 943–950.

Kathleen McCann, "Ongoing Study Continues to Show that Extra Sleep Improves Athletic Performance", *American Academy of Sleep Medicine,* 4 de junho de 2008, http://www.aasmnet.org/articles.aspx?id=954.

Mark R. Rosekind et al., "Alertness Management: Strategic naps in operational settings", *Journal of Sleep Research* 4, nº 2 (1995) 62–66.

Michael J. Breus, PhD, "Nap vs. Caffeine vs. More Nighttime Sleep?", *Psychology Today*, 20 de julho de 2009, https://www.psychologytoday.com/blog/sleep-newzzz/200907/nap-vs-caffeine-vs-more-nighttime-sleep.

Clifford B. Saper, Thomas C. Chou e Thomas E. Scammell, "The Sleep Switch: Hypothalamic control of sleep and wakefulness", *Trends in Neurosciences* 24, nº 12 (1º de dezembro de 2001): 726–731.

"Sleep Hygiene Tips", Centers for Disease Control and Prevention, 10 de dezembro de 2014, http://www.cdc.gov/sleep/about_sleep/sleep_hygiene.html.

"What is Sleep Hygiene?", National Sleep Foundation, acessado em 17 de novembro de 2015, https://sleepfoundation.org/ask-the-expert/sleep-hygiene.

"Sleep Hygiene Tips", American Sleep Association, acessado em 17 de novembro de 2015, https://www.sleepassociation.org/patients-general-public/insomnia/sleep-hygiene-tips/.

Scott Cacciola, "The Secret to Running: Not running", *The Wall Street Journal*, 20 de setembro de 2012, http://www.wsj.com/articles/sB10000087239639044403240 4578006274010745406.

Carmen Binnewies, Sabine Sonnentag e Eva J. Mojza, "Daily Performance at Work: Feeling recovered in the morning as a predictor of day-level job performance", *Journal of Organizational Behavior* 30, nº 1 (2009): 67–93.

Carmen Binnewies, Sabine Sonnentag e Eva J. Mojza, "Recovery During the Weekend and Fluctuations in Weekly Job Performance: A week-level study examining intra-individual relationships", *Journal of Occupational and Organizational Psychology* 83, nº 2 (junho de 2010): 419–441.

Jessica de Bloom, *How Do Vacations Affect Workers' Health and Well-Being?* (Oisterwijk, Países Baixos: Uitgeverij BOXPress, 2012).

Dalia Etzion, "Annual Vacation: Duration of relief from job stressors and burnout", *Anxiety, Stress, & Coping* 16, nº 2 (2003): 213–226.

leslie A. Perlow e Jessica L. Porter, "Making Time Off Predictable — and Required", *Harvard Business Review*, outubro de 2009, https://hbr.org /2009/10/making-time-off-predictable-and-required.

# CAPÍTULO 6

Kim Constantinesco, "Olympic Hopeful and Filmmaker Alexis Pappas Churns Miles and Words for the Perfect Mix", *Purpose2Play*, 17 de dezembro de 2015, http://

purpose2play.com/olympic-hopeful-and-filmmaker-alexi-pappas-churns-miles-and-words-for-the-perfect-mix/.

John Kounious e Mark Beeman, "Aha! The Cognitive Neuroscience of Insight", *Current Directions in Psychological Science* 18 (2009): 210–216.

Sheena Lewis, Mira Dontcheva e Elizabeth Gerber, "Affective Computational Priming and Creativity", *CHI 2011 Conference on Human Factors in Computing Systems* (2011).

Anthony Blanchfield, James Hardy e Samuele Marcora, "Non-Conscious Visual Cues Related to Affect and Action Alter Perception of Effort and Endurance Performance", *Frontiers in Human Neuroscience* 8 (11 de dezembro de 2014): 967.

Travis Proulx e Steven J. Heine, "Connections from Kafka: Exposure to meaning threats improves implicit learning of an artificial grammar", *Psychological Science* 20, n° 9 (setembro de 2009): 1125–1131.

Stephen King, *On Writing: A memoir of the craft* (Nova York: Scribner, 2000), 155. Publicado no Brasil com o título *Sobre a Escrita*.

Silvano Zipoli Caiani, "Extending the Notion of Affordance", *Phenomenology and the Cognitive Sciences* 13, n° 2 (junho de 2014): 275–293.

Mihaly Csikszentmihalyi, *The Evolving Self: A psychology for the third millennium* (Nova York: HarperCollins Publishers, Inc., 1993), 139–141.

Mason Currey, *Daily Rituals: How artists work* (Nova York: Knopf, 2013), 120–121. Publicado no Brasil com o título *Os Segredos dos Grandes Artistas*.

A. M. Graybiel, "Habits, Rituals, and the Evaluative Brain", *Annual Review of Neuroscience* 31 (2008): 359–387.

O. Beauchet, "Testosterone and Cognitive Function: Current clinical evidence of a relationship", *European Journal of Endocrinology* 155, n° 6 (dezembro de 2006): 773–781.

# CAPÍTULO 7

Drake Baer, "The Scientific Reason Why Barack Obama and Mark Zuckerberg Wear the Same Outfit Every Day", *Business Insider*, 28 de abril de 2015, http://www.businessinsider.com/barack-obama-mark-zuckerberg-wear-the-same-outfit-2015-4.

Michael Lewis, "Obama's Way", *Vanity Fair*, outubro de 2012, http://www.vanityfair.com/news/2012/10/michael-lewis-profile-barack-obama.

Neil Vidmar, "The Psychology of Trial Judging", *Current Directions in Psychological Science* 20 (2011): 58–62.

Ed Yong, "Justice is Served, But More So After Lunch: How food-breaks sway the decisions of judges", *Discover*, 11 de abril de 2011, http://blogs.discovermagazine.com/notrocketscience/2011/04/11/justice-is-served-but-more-so-after-lunch-how-food-breaks-sway-the-decisions-of-judges/#.VplKhvher40.

Nicholas Bakalar, "Doctors and Decision Fatigue", *New York Times*, 27 de outubro de 2014, http://well.blogs.nytimes.com/2014/10/27/doctors-and-decision-fatigue/?_r=0.

Kathleen D. Vohs et al., "Making Choices Impairs Subsequent Self-Control: A limited-resource account of decision making, self-regulation, and active initiative", *Journal of Personality and Social Psychology* 94, n° 5 (2008): 883–898.

Joseph Tzelgov, "Automaticity and Processing Without Awareness", *Psyche* 5, n° 3 (abril de 1999).

Till Roenneberg, *Internal Time: Chronotypes, social jet lag, and why you're so tired* (Colônia, Alemanha: DuMont Buchverlag, 2010).

Brigitte M. Kudielka et al., "Morningness and Eveningness: The free cortisol rise after awakening in 'early birds' and 'night owls'", *Biological Psychology* 72, n° 2 (maio de 2006): 141–146.

J. A. Horne e O. Ostberg, "A Self-Assessment Questionnaire to Determine Morningness-Eveningness in Human Circadian Rhythms", *International Journal of Chronobiology* 4, n° 2 (1976): 97–110.

Mareike B. Wieth e Rose T. Zacks, "Time of Day Effects on Problem Solving: When the non-optimal is optimal", *Thinking & Reasoning* 17, n° 4 (2011): 387–401.

Scott E. Carrell, Mark Hoekstra e James E. West, "Is Poor Fitness Contagious? Evidence from Randomly Assigned Friends", *Journal of Public Economics* 95 (agosto de 2011): 657–663.

Ron Friedman et al., "Motivational Synchronicity: Priming motivational orientations with observations of others' behaviors", *Motivation and Emotion* (março de 2010): 34–8. doi: 10.1007/s11031-009-9151-3.

Paula M. Niedenthal, "Embodying Emotion", *Science* 316, n° 5827 (18 de maio de 2007): 1002–1005.

Philip L. Jackson, Andrew N. Meltzoff e Jean Decety, "How Do We Perceive the Pain of Others? A Window Into the Neural Processes Involved in Empathy", *NeuroImage* 24, n° 3 (1° de fevereiro de 2005): 771–779.

Emma Seppälä, *The Happiness Track: How to apply the science of happiness to accelerate your success* (Nova York: HarperCollins Publishers, 2016), 162.

Nicholas A. Christakis, MD, PhD, MPH, e James H. Fowler, PhD, "The Spread of Obesity in a Large Docial Network Over 32 Years", *The New England Journal of Medicine* 357 (2007): 370–379.

Nicholas A. Christakis, MD, PhD, MPH, e James H. Fowler, PhD, "Quitting in Droves: Collective dynamics of smoking behavior in a large social network", *The New England Journal of Medicine* 358, nº 21 (22 de maio de 2008): 2249–2258.

James Clear, "What is Actually Required for Success?", *James Clear (blog)*, acessado em 13 de dezembro de 2015, http://jamesclear.com/required-for-success.

Jocelyn K. Glei e Scott Belsky, *Manage Your Day-to-Day: Build your routine, find your focus, and sharpen your mind* (Amazon Publishing, 2013), 103.

# CAPÍTULO 8

Alexis Huicochea, "Man Lifts Car Off Pinned Cyclist", Tuscon.com, 28 de julho de 2006, http://tucson.com/news/local/crime/article_e7f04bbd-309b-5c7e-808d-1907d91517ac.html.

Julie Halpert, "On Purpose", *Michigan Today*, 5 de março de 2014, http://michigantoday.umich.edu/on-purpose/.

T. D. Noakes, "Time to Move Beyond a Brainless Exercise Physiology: The evidence for complex regulation of human exercise performance", *Applied Physiology, Nutrition, and Metabolism* 36, nº 1 (fevereiro de 2011): 23–35.

T. D. Noakes, "J. B. Wolffe Memoiral Lecture. Challenging Beliefs: ex Africa semper aliquid novi", *Medicine & Science in Sports & Exercise* 29, nº 5 (maio de 1997): 571–590.

Brad Stulberg, "What's the Point?", *Blue Ridge Outdoors Magazine*, 22 de julho de 2015, http://www.blueridgeoutdoors.com/go-outside/whats-the-point/.

Emily B. Falk et al., "Self-Affirmation Alters the Brain's Response to Health Messages and Subsequent Behavior Change", *Proceedings of the National Academy of Sciences of the United States of America* 112, nº 7 (17 de fevereiro de 2015): 1977–1982.

Stephen E. Humphrey, Jennifer D. Nahrgang e Frederick P. Morgeson, "Integrating Motivational, Social, and Contextual Work Design Features: A meta-analytic summary and theoretical extension of the work design literature", *Journal of Applied Psychology* 92, nº 5 (setembro de 2007): 1332–1356.

T. D. Shanafelt et al., "Career Fit and Burnout Among Academic Faculty", *Archives of Internal Medicine* 169, nº 10 (25 de maio de 2009): 990–995.

P. R. Harris et al., "Self-Affirmation Reduces Smokers' Defensiveness to Graphic On-Pack Cigarette Warning Labels", *Health Psychology* 26, nº 4 (julho de 2007): 437–446.

A. M. Grant e D. A. Hofmann, "It's Not All About Me: Motivating hand hygiene among health care professionals by focusing on patients", *Psychological Science* 22, nº 12 (dezembro de 2011): 1494–1499.

Adam Grant, "How Customers Can Rally Your Troops", *Harvard Business Review*, junho de 2011, https://hbr.org/2011/06/how-customers-can-rally-your-troops.

Samuele M. Marcora, "Do We Really Need a Central Governor to Explain Brain Regulation of Exercise Performance?", *European Journal of Applied Physiology* 104 (2008): 929–931.

Daniel Pink, *Drive: The surprising truth about what motivates us* (Nova York: Riverhead Books, 2012): 145. Publicado no Brasil com o título *Motivação 3.0*.

David S. Yeager et al., "Boring But Important: A self-transcendent purpose for learning fosters academic self-regulation", *Journal of Personality and Social Psychology* 107, n° 4 (outubro de 2014): 559–580.

Viktor Frankl, *Man's Search for Meaning* (Boston: Beacon Press, 2006), 80. Publicado no Brasil com o título *Em Busca de Sentido*.

Shelley E. Taylor, "Tend and Befriend Theory", em *Handbook of Theories of Social Psychology*, ed. Paul A. M. van Lange, Arie W. Kruglanski e E. Tory Higgins (Londres: Sage Publications, 2012).

David Conrad e Yvonne Kellar-Guenther, "Compassion Fatigue, Burnout, and Compassion Satisfaction Among Colorado Child Protection Workers", *Child Abuse & Neglect* 30, n° 10 (outubro de 2006): 1071–1080.

Adam M. Grant, *Give and Take: Why helping others drives our success* (Nova York: Viking, 2013), 166. Publicado no Brasil com o título *Dar e Receber*.

Brad Stulberg, "The Cure for Fitness Burnout", *Men's Fitness*, 15 de outubro de 2014, http://www.mensfitness.com/training/pro-tips/cure-fitness-burnout.

# CAPÍTULO 9

Anthony Blanchfield, James Hardy e Samuele Marcora, "Non-Conscious Visual Cues Related to Affect and Action Alter Perception of Effort and Endurance Performance", *Frontiers in Human Neuroscience* 8 (11 de dezembro de 2014): 967.

Antonis Hatzigeorgiadis, Nikos Zourbanos, Evangelos Galanis e Yiannis Theodorakis, "Self-Talk and Sports Performance: A meta-analysis", *Perspectives on Psychological Science* 6, n° 4 (julho de 2011): 348–56.

Karen A. Baikie e Kay Wilhelm, "Emotional and Physical Health Benefits of Expressive Writing", *Advances in Psychiatric Treatment* 11, n° 5 (agosto de 2005): 338–46.

# ÍNDICE

## A
adaptação fisiológica, 43
Adderall, 14–16
    perda de sono, 16
admiração, 100
Amazon, 11
ambiente, 135–138
    alto risco
        alta pressão, 121
    de trabalho
        competitivo, 10
amídala, 82
ansiedade, 10
    pré-desempenho, 73
antidepressivos
    aumento do uso, 10
aprendizado, 45
    profundo, 46–47
aquecimento, 128
autotranscendental, 166
axônios, 47

## B
BCG, 121
behaviorismo, 139
B. F. Skinner, 138
biologia, 141
burnout, 20
    antídoto, 180
    criativo, 20
    férias, 119
    nos esportes, 21

## C
catabólico, 110
causa maior, 177
cérebro, 167
    amídala, 82
    rede de modo padrão, 88–90
    rede positiva, 87–90
    subconsciente, 91
Chade-Meng Tan, 78
círculo social, comportamento, 155
compartimentalizar, 145
concentração profunda, 55
conforto, 84
contentar, 195
conversa calma, 83
corrida, 83
córtex cingulado anterior, 132
córtex pré-frontal
    bem desenvolvido, 81
cortisol
    hormônio, 42–43
corujas
    pessoas, 150
cotovias
    pessoas, 150
crescimento, 50
    intervalos, 95
    sair da zona de conforto, 46
    versus habilidade, 45
cronótipo, 151–152
culpa, 120
cultura
    esforço, 120

## D

Daniel Kahneman, 47
Daniel Levitin, 137
David Goss, 90
descansar, 81–96
    estratégia ampla, 119
    vantagens, 120
desidroepiandrosterona (DHEA), 71
diagrama de Csikszentmihalyi, 49
dopamina, 61–66
doping, 17
    atletas de fim de semana, 18
    hormônio do crescimento humano (HGH), 17
    no trabalho, 17
drogas, 15
drones para entregas, 11

## E

ego, 166
    minimização, 170
eletroencefalograma (EEG), 87
Elon Musk, 11
empatia, 155
equilíbrio, 28
escrita expressiva, 193
esforço físico elevado, 43
esgotamento, 28
especialista, 53
essencial, 148
estado anabólico, 43
estado catabólico, 110
estágio da exaustão, 43
estimulantes, 16
estratégias de preparação, 129–142
estresse, 28
    como estímulo, 42
    crônico, 43
    efeitos, 43
    estímulo para o crescimento, 71
    hormônios, 71
    índice de crescimento, 72
    quantidade ideal, 49
estudo sobre criatividade, 32
experiência, 53

## F

fadiga, 166–168
    cognitiva, 32
    como estímulo, 119
    decisões, 147
falha produtiva, 46
férias, 117
fisiologia do exercício, 166
força sobre-humana, 162

## G

gatilho de fuga, 179
Google, 77
governante central, 171
grelina, 68

## H

habilidade, 45
    versus crescimento, 45
Hans Berger, 87
Hans Selye, 41
HGH, 17
Holocausto, 178
horas de pico, 152
hormônio do crescimento humano (HGH), 110
humor
    influência, 133
    negativo
        evitar, 133
    positivo, 132

## I

imersão, 32
impactos sociais da tecnologia, 11
incerteza, 50
incubação, 33
índice de crescimento sob estresse, 72
indução de falha muscular, 167–169
inércia do sono, 113
influências sociais, 155
informações, 19
insight, 33
inteligência artificial, 11
    fim da raça humana, 12
interação social, 102
Interleucina 6
    IL-6, 100
introspecção, 152
ioga, 130
isolamento, 103

## J

Jim Clifton, 10
jogos de azar, 61
Josh Waitzkin, 38

## K

K. Anders Ericsson, 53

## L

letargia corporal, 113
luz azul
    sono, 105

## M

mantra, 192
meditação, 82
    mindfulness, 81
    monitoramento aberto, 102
        avaliação corporal, 102

melatonina
    hormônio, 106
mente consciente versus subconsciente, 90
mente humana
    tipos de pensamentos, 47
Michael Joyner, 143
mielina, 47
Mihaly Csikszentmihalyi, 32
mindset, 68–70
    ameaça, 73
    crescimento, 69–70
    fixo, 69–70
    oportunidade, 73
minimalista, 148–158
motivação, 154–155
    intrínseca ou externa, 154
movimento rápido dos olhos (REM), 108
mudança de paradigma, 170
mudança psicológica, 43
mundo da arte, 176
músculo da atenção, 85

## N

NASA, 113
natureza, 100
neurônios, 47
Nic Lamb, 46

## O

otimização, 58
oxitocina, 103

## P

PED, 18
pequenas decisões, 146
perguntas-chave, 152
periodização, 28–30
Peter Norvig, 11
planejamento, 117

platô
  estresse, 28
ponto fraco, 46
power naps, 89
prática, 54
  perfeita, 55–56
processo catabólico, 43
processos múltiplos, 58
professores
  frustação, 44
propósito
  autocentrado, 186
  autotranscendente, 172
psicologia ecológica, 136

**R**

reconhecer padrões, 134
recuperação, 84
  sistêmica, 103
rede positiva, 88
Robert Stickgold, 107
rotina, 128
  estratégica, 137
  melhora do desempenho, 142

**S**

Search Inside Yourself Institute
  SIYLI, 79
sequestro da amídala, 82
síndrome da vibração fantasma, 62
síndrome do overtraining, 21
smartphone, 60
sobretreinamento, 95
sono
  função, 107–108

profundo, 113
Stephen Hawking, 11
Stephen Seiler, 30
suplementos, 14

**T**

tai chi, 44
tecnologia, 60–75
  desemprego, 11
  digital, 10
  redução de custos operacionais, 11
teste de usos alternativos, 98
testosterona, 110
trabalho, 19
  profundo, 67
transtorno do deficit de atenção com hiperatividade
  TDAH, 14
treinamento intervalado, 66
tutoria, 45

**U**

unitarefa, 58–60

**V**

variabilidade da frequência cardíaca
  VFC, 84
Victor Strecher, 163

**W**

workaholic, 19

## Projetos corporativos e edições personalizadas
dentro da sua estratégia de negócio. Já pensou nisso?

**Coordenação de Eventos**
Viviane Paiva
viviane@altabooks.com.br

**Assistente Comercial**
Fillipe Amorim
vendas.corporativas@altabooks.com.br

A Alta Books tem criado experiências incríveis no meio corporativo. Com a crescente implementação da educação corporativa nas empresas, o livro entra como uma importante fonte de conhecimento. Com atendimento personalizado, conseguimos identificar as principais necessidades, e criar uma seleção de livros que podem ser utilizados de diversas maneiras, como por exemplo, para fortalecer relacionamento com suas equipes/ seus clientes. Você já utilizou o livro para alguma ação estratégica na sua empresa?

Entre em contato com nosso time para entender melhor as possibilidades de personalização e incentivo ao desenvolvimento pessoal e profissional.

## PUBLIQUE
**SEU LIVRO**

Publique seu livro com a Alta Books.
Para mais informações envie um e-mail para: autoria@altabooks.com.br

 /altabooks   /alta-books   /altabooks   /altabooks

## CONHEÇA OUTROS LIVROS DA **ALTA BOOKS**

Todas as imagens são meramente ilustrativas.

Este livro foi impresso nas oficinas gráficas da Editora Vozes Ltda.,
Rua Frei Luís, 100 – Petrópolis, RJ.